CHANTS PIEUX,
OU
CHOIX DE CANTIQUES
EN RAPPORT AVEC L'ESPRIT DE L'ÉGLISE
DANS
LA CÉLÉBRATION DES DIMANCHES ET DES FÊTES,
le temps d'une retraite, la fréquentation des sacrements
ET
LE MOIS DE MARIE;
ouvrage dans lequel on a fait entrer un grand nombre de morceaux inédits et d'airs nouveaux,

A L'USAGE DES ÉCOLES CHRÉTIENNES.
Par F. P. B.

CHEZ LES ÉDITEURS.

PARIS,
POUSSIELGUE-RUSAND,
rue du Petit-Bourbon St-Sulpice, 3.

TOURS,
MAME ET COMPAGNIE,
imprimeurs-libraires.

1846

Tout Exemplaire qui ne sera pas revêtu de la gnature ci-dessous sera réputé contrefait.

Paris, Imprimerie de Poussielgue, rue du Croissant, 12.

AVERTISSEMENT.

Nous ne répéterons pas ce qui a été dit tant de fois de l'utilité morale et religieuse des cantiques et de l'influence du chant sur le cœur humain ; nous nous contenterons de faire sur le recueil que nous présentons au public les observations suivantes :

1° Il contient, outre un grand nombre de cantiques nouveaux, ce qui a été publié de plus beau en ce genre.

2° Il renferme, dans un petit format, plusieurs cantiques sur chacune des solennités de l'année, classées selon l'ordre des temps, un mois de Marie complet, des cantiques variés, relatifs à la première communion, à la retraite, etc.

3° Au moyen des numéros placés à la tête de chaque cantique, on trouvera la plupart de ceux qui, étant de la même coupe, peuvent être chantés sur le même air ; attendu que, pour la commodité de ceux qui se contenteraient d'acheter le texte, nous avons classé les paroles et les airs sous une même série de numéros.

4° Nous n'avons reproduit aucun cantique de propriété sans une autorisation spéciale du propriétaire tels que MM. Poussielgue-Rusand, Gaume frères Mme Canaux, etc.

5° Nous avons indiqué le nom de l'auteur de chaqu cantique quand nous avons pu le connaître.

6° Nous avons marqué d'un astérisque (*) les can tiques retouchés, et de deux** ceux qui étaient inédits.

7° Les cantiques de la semaine ont été notés en duo pour la satisfaction des maîtres qui désireraient les faire exécuter ainsi avant le catéchisme ; toutefois la première partie a été disposée de manière à pouvoir être chantée seule.

8° La plupart des cantiques ont un chœur ou un refrain pour varier le chant et pour le rendre plus facile à la multitude, dans les classes ou autres réunions.

PRIÈRES
PENDANT LA SAINTE MESSE.

Au nom du Père, et du Fils, et du Saint-Esprit.

C'est en votre nom, adorable Trinité, c'est pour vous rendre l'honneur et les hommages qui vous sont dus, que j'assiste au très saint et très auguste Sacrifice.

Permettez-moi, divin Sauveur, de m'unir d'intention au Ministre de vos Autels, pour offrir la précieuse victime de mon salut, et donnez-moi les sentimens que j'aurais dû avoir sur le Calvaire, si j'avais assisté au Sacrifice sanglant de votre Passion.

AU CONFITEOR.

Je m'accuse devant vous, ô mon Dieu, de tous les péchés dont je suis coupable. Je m'en accuse en présence de Marie, la plus pure de toutes les Vierges, de tous les Saints, et de tous les Fidèles; parceque j'ai péché en pensées, en paroles, en actions, en omissions, par ma faute, oui, par ma faute, et ma très grande faute. C'est pourquoi je conjure la très sainte Vierge et tous les Saints de vouloir intercéder pour moi.

Seigneur, écoutez favorablement ma prière, et accordez-moi l'indulgence, l'absolution et la rémission de tous mes péchés.

A L'INTROÏT.

J'adore, ô mon Dieu, votre grandeur infinie et votre souveraine majesté; les Anges tremblent devant vous, toutes les créatures ne sont rien en votre présence. O mon Dieu, que vous êtes grand et admirable en vous-même, et en tout ce que vous faites! C'est le sacrifice que nous vous devons de reconnaître l'élévation, l'étendue et l'éclat de votre adorable nom, et de nous anéantir devant vous.

AU KYRIE ELEISON.

Divin Créateur de nos âmes, ayez pitié de l'ouvrage de vos mains; Père miséricordieux, faites miséricorde à vos enfants.

Auteur de notre salut, immolé pour nous, appliquez-nous les mérites de votre mort et de votre précieux Sang.

Aimable Sauveur, doux Jésus, ayez compassion de nos misères, pardonnez-nous nos péchés.

AU GLORIA IN EXCELSIS.

Gloire à Dieu dans le ciel, et paix sur la terre aux hommes de bonne volonté. Nous vous louons. Nous vous bénissons. Nous vous adorons. Nous vous glorifions. Nous vous rendons grâces dans la	Gloria in excelsis Deo, et in terrâ pax hominibus bonae voluntati. Laudamus te. Benedicimus te. Adoramus te. Glorificamus te. Gratias agimus tibi, propter magnam gloriam tuam. Domine Deus,

— ii —

vue de votre gloire infinie. O Seigneur Dieu, Roi du ciel; ô Dieu, Père tout puissant; Seigneur, Fils unique de Dieu, Jésus-Christ, Seigneur Dieu, Agneau de Dieu, Fils du Père, Vous qui effacez les péchés du monde, ayez pitié de nous. Vous qui effacez les péchés du monde, recevez notre prière. Vous qui êtes assis à la droite du Père, ayez pitié de nous. Car vous êtes le seul Saint, le seul Seigneur, le seul Très-Haut, ô Jésus-Christ, avec le Saint-Esprit, en la gloire de Dieu le Père. Ainsi soit-il.	Rex cœlestis, Deus, Pater omnipotens; Domine, Fili unigenite, Jesu Christe, Domine Deus, Agnus Dei, Filius Patris, Qui tollis peccata mundi, miserere nobis. Qui tollis peccata mundi, suscipe deprecationem nostram. Qui sedes ad dexteram Patris, miserere nobis. Quoniam tu solus Sanctus, tu solus Dominus, tu solus Altissimus, Jesu-Christe, cum Sancto Spiritu, in gloria Dei Patris. Amen.

A LA COLLECTE.

Accordez-nous, Seigneur, par l'intercession de la très sainte Vierge et des Saints que nous honorons, toutes les grâces que votre Ministre vous demande pour lui et pour nous. M'unissant à lui, je vous fais la même prière pour ceux et celles pour lesquels je suis obligé de prier, et je vous demande, Seigneur, pour eux et pour moi, tous les secours que vous savez nous être nécessaires, afin d'obtenir la vie éternelle; au nom de notre Seigneur Jésus-Christ. Ainsi soit-il.

A L'EPITRE.

Mon Dieu, vous m'avez appelé à la connaissance de votre sainte Loi, préférablement à tant de peuples qui vivent dans l'ignorance de vos Mystères. Je l'accepte de tout mon cœur, cette divine Loi, et j'écoute avec respect les sacrés oracles que vous avez prononcés par la bouche de vos prophètes. Je les révère avec toute la soumission qui est due à la parole d'un Dieu, et j'en vois l'accomplissement avec toute la joie de mon âme.

Que n'ai-je pour vous, ô mon Dieu, un cœur semblable à à celui des Saints de votre ancien Testament! Que ne puis-je vous désirer avec l'ardeur des Patriarches, vous connaître et vous révérer comme les Prophètes, vous aimer et m'attacher uniquement à vous comme les Apôtres.

A L'ÉVANGILE.

Ce ne sont plus, ô mon Dieu! les Prophètes ni les Apôtres qui vont m'instruire de mes devoirs, c'est votre Fils unique, c'est sa parole que je vais entendre. Mais, hélas! que me servira d'avoir cru que c'est votre parole, Seigneur Jésus, si je n'agis pas conformément à ma croyance? Que me servira, lorsque je paraîtrai devant vous, d'avoir eu la foi, sans le mérite de la charité et des bonnes œuvres?

Je crois, et je vis comme si je ne croyais pas, ou comme si

je croyais un Evangile contraire au vôtre. Ne me jugez pas, ô mon Dieu, sur cette opposition perpétuelle que je mets entre vos maximes et ma conduite. Je crois, mais inspirez-moi le courage et la force de pratiquer ce que je crois. A vous, Seigneur, en reviendra toute la gloire.

AU CREDO.

Je crois en un seul Dieu, Père tout puissant, qui a fait le ciel et la terre, et toutes les choses visibles et invisibles. Et en un seul Seigneur Jésus-Christ, Fils unique de Dieu, et né du Père, avant tous les siècles Dieu de Dieu, lumière de lumière, vrai Dieu du vrai Dieu, qui n'a pas été fait, mais engendré; qui a la même substance que le Père, et par qui toutes choses ont été faites; Qui est descendu des cieux pour nous, hommes misérables, et pour notre salut, et ayant pris chair de la Vierge Marie, par l'opération du Saint-Esprit, A ÉTÉ FAIT HOMME; Qui a aussi été crucifié pour nous, sous Ponce-Pilate, qui a souffert et qui a été mis au tombeau; qui est ressuscité le troisième jour, selon les Ecritures; qui est monté au ciel, qui est assis à la droite du Père, qui viendra de nouveau plein de gloire pour juger les vivants et les morts, et dont le règne n'aura point de fin. Je crois au Saint-Esprit, aussi Seigneur, et qui donne la vie; qui procède du Père et du Fils; qui est adoré et glorifié conjointement avec le Père et le Fils; qui a parlé par les Prophètes. Je crois l'Eglise qui est une, sainte, catholique et apostolique. Je confesse un baptême pour la rémission des péchés; et j'attends la résurrection des morts et la vie du siècle. Ainsi soit-il.

Credo in unum Deum, Patrem omnipotentem, factorem cœli et terræ, visibilium omnium et invisibilium. Et in unum Dominum Jesum Christum, Filium Dei unigenitum, et ex Patre natum ante omnia sæcula; Deum de Deo, lumen de lumine, Deum verum de Deo vero : Genitum non factum, consubstantialem Patri, per quem omnia facta sunt. Qui propter nos homines, et propter nostram salutem descendit de cœlis. Et incarnatus est de Spiritu Sancto ex Mariâ Virgine, ET HOMO FACTUS EST; Crucifixus etiam pro nobis, sub Pontio Pilato, passus et sepultus est. Et resurrexit tertia die, secundùm Scripturas. Et ascendit in cœlum, sedet ad dexteram Patris : et iterùm venturus est cum gloriâ judicare vivos et mortuos; cujus regni non erit finis Et in Spiritum Sanctum Dominum et vivificantem, qui ex Patre, Filioque procedit: qui cum Patre et Filio simul adoratur et conglorificatur; qui locutus est per Prophetas. Et unam, sanctam, catholicam et apostolicam Ecclesiam. Confiteor unum baptisma in remissionem peccatorum. Et expecto resurrectionem mortuorum, et vitam venturi sæculi. Amen.

A L'OFFERTOIRE.

Père infiniment saint, Dieu tout puissant et éternel, quelque indigne que je sois de paraître devant vous, j'ose vous présenter cette Hostie par les mains du Prêtre, avec l'intention qu'a eue Jésus-Christ mon Sauveur, lorsqu'il institua ce Sacrifice, et qu'il a encore au moment où il s'immole ici pour nous.

Je vous l'offre pour reconnaître votre souverain domaine sur moi et sur toutes les créatures. Je vous l'offre pour l'expiation de mes péchés, et en action de grâces de tous les bienfaits dont vous m'avez comblé.

Je vous l'offre enfin, mon Dieu, cet auguste sacrifice, afin d'obtenir de votre infinie bonté, pour moi, pour mes parents, pour mes bienfaiteurs, mes amis et mes ennemis, ces grâces précieuses du salut, qui ne peuvent être accordées à un pécheur qu'en vue des mérites de celui qui est le juste par excellence, et qui s'est fait victime de propitiation pour tous.

Mais en vous offrant cette adorable victime, je vous recommande, ô mon Dieu, toute l'Église catholique, notre Saint Père le Pape, notre Évêque, tous les Pasteurs des âmes, notre Roi, la famille royale, les Princes chrétiens et tous les peuples qui croient en vous.

Souvenez-vous aussi, Seigneur, des fidèles trépassés, et en considération des mérites de votre Fils, donnez-leur un lieu de rafraîchissement, de lumière et de paix.

N'oubliez pas, mon Dieu, vos ennemis et les miens; ayez pitié de tous les infidèles, des hérétiques et de tous les écheurs. Comblez de bénédictions ceux qui me persécutent, et me pardonnez mes péchés, comme je leur pardonne tout le mal qu'ils me font ou qu'ils voudraient me faire. Ainsi soit-il.

A LA PRÉFACE.

Voici l'heureux moment où le Roi des Anges et des hommes va paraître. Seigneur, remplissez-moi de votre esprit; que mon cœur, dégagé de la terre, ne pense qu'à vous. Quelle obligation n'ai-je pas de vous bénir et de vous louer en tout temps et en tout lieu, Dieu du ciel et de la terre, Maître infiniment grand, Père tout puissant et éternel!

Rien n'est plus juste, rien n'est plus avantageux, que de nous unir à Jésus-Christ pour vous adorer continuellement. C'est par lui que tous les esprits bienheureux rendent leurs hommages à votre Majesté; c'est par lui que toutes les vertus du ciel, saisies d'une frayeur respectueuse, s'unissent pour vous glorifier. Souffrez, Seigneur, que nous joignions nos faibles louanges à celles de ces saintes intelligences, et que de concert avec elles, nous disions, dans un transport de joie et d'admiration:

AU SANCTUS.

Saint, Saint, Saint, est le Seigneur, le Dieu des armées. Tout l'univers est rempli de sa gloire. Que les Bienheureux le bénissent dans le ciel. Béni soit celui qui nous vient sur la terre, Dieu et Seigneur comme celui qui l'envoie.

AU CANON.

Nous vous conjurons, au nom de Jésus-Christ, votre Fils et notre Seigneur, ô Père infiniment miséricordieux, d'avoir pour agréable et de bénir l'offrande que nous vous présentons, afin qu'il vous plaise de conserver, de défendre et de gouverner votre sainte Église Catholique, avec tous les membres qui la composent, le Pape, notre Évêque, notre Roi, et généralement tous ceux qui font profession de votre sainte Foi.

Nous vous recommandons en particulier, Seigneur, ceux pour qui la justice, la reconnaissance et la charité nous obligent de prier, tous ceux qui sont présents à cet adorable Sacrifice, et singulièrement N. et N. Et afin, grand Dieu! que nos hommages vous soient plus agréables, nous nous unissons à la glorieuse Marie, toujours Vierge, Mère de notre Dieu et Seigneur Jésus-Christ, à tous vos Apôtres, à tous les bienheureux Martyrs, et à tous les Saints qui composent avec nous une même Église.

Que n'ai-je en ce moment, ô mon Dieu, les désirs enflammés avec lesquels les saints Patriarches souhaitaient la venue du Messie! Que n'ai-je leur foi et leur amour! Venez, Seigneur Jésus, venez, aimable réparateur du monde, venez accomplir un Mystère qui est l'abrégé de toutes vos merveilles. Il vient cet Agneau de Dieu; voici l'adorable victime par qui tous les péchés du monde sont effacés.

A L'ÉLÉVATION DE LA SAINTE HOSTIE.

Verbe incarné, divin Jésus, vrai Dieu et vrai homme, je crois que vous êtes ici présent, je vous y adore avec humilité, je vous aime de tout mon cœur; et comme vous y venez pour l'amour de moi, je me consacre entièrement à vous.

A L'ÉLÉVATION DU CALICE.

J'adore ce sang précieux que vous avez répandu pour tous les hommes, et j'espère, ô mon Dieu! que vous ne l'aurez pas versé inutilement pour moi. Faites-moi la grâce de m'en appliquer les mérites. Je vous offre le mien, aimable Jésus, en reconnaissance de cette charité infinie que vous avez eue de donner le vôtre pour l'amour de moi.

SUITE DU CANON.

Quelle serait donc désormais ma malice et mon ingratitude si, après avoir vu ce que je vois, je consentais à vous offenser! Non, mon Dieu, je n'oublierai jamais ce que vous me représentez par cette auguste cérémonie: les souffrances de votre Passion, la gloire de votre Résurrection, votre corps tout déchiré, votre sang répandu pour nous, réellement présent à mes yeux sur cet autel.

C'est maintenant, éternelle Majesté, que nous vous offrons de votre grâce véritablement et proprement la victime pure, sainte et sans tache qu'il vous a plu nous donner vous-même, et dont toutes les autres n'étaient que la figure. Oui, grand Dieu! nous osons vous le dire, il y a ici plus que tous les sacrifices d'Abel, d'Abraham et de Melchisedech : la seule victime digne de notre autel, notre Seigneur Jésus-Christ, votre Fils, l'unique objet de vos éternelles complaisances.

Que tous ceux qui participent ici de la bouche ou du cœur à cette sacrée victime, soient remplis de sa bénédiction!

Que cette bénédiction se répande, ô mon Dieu! sur les âmes des fidèles qui sont morts dans la paix de l'Église, et particulièrement sur l'âme d N..... et de N..... Accordez-leur, Seigneur, en vue de ce sacrifice, la délivrance entière de leurs peines.

Daignez nous accorder aussi un jour cette grâce à nous-mêmes, Père infiniment bon! et faites-nous entrer en société avec les saints Apôtres, les saints Martyrs, et tous les Saints, afin que nous puissions vous aimer et vous glorifier éternellement avec eux. Ainsi soit-il.

AU PATER.

Notre Père qui êtes aux cieux, etc., *ou :*

Que je suis heureux, ô mon Dieu, de vous avoir pour Père! Que j'ai de joie de songer que le ciel où vous êtes doit être un jour ma demeure! Que votre saint Nom soit glorifié par toute la terre. Régnez absolument sur tous les cœurs et sur toutes les volontés. Ne refusez pas à vos enfants la nourriture spirituelle et corporelle. Nous pardonnons de bon cœur : pardonnez-nous, soutenez-nous dans les tentations et dans les maux de cette misérable vie; mais préservez-nous du péché, le plus grand de tous les maux. Ainsi soit-il.

A L'AGNUS DEI.

Agneau de Dieu, immolé pour moi, ayez pitié de moi. Victime adorable de mon salut, sauvez-moi. Divin Médiateur, obtenez-moi ma grâce auprès de votre Père, donnez-moi votre paix.

AVANT LA COMMUNION.

Seigneur Jésus-Christ, fils du Dieu vivant, qui, par la volonté du Père et la coopération du Saint-Esprit, avez donné la vie aux hommes en mourant pour eux : délivrez-moi par votre saint Corps et votre précieux Sang ici présents de tous mes péchés et de tous les autres maux; faites, s'il vous plait, que je m'attache toujours inviolablement à votre loi, et ne permettez pas que je me sépare jamais de vous. Qui, étant Dieu vivez et régnez avec Dieu le Père et le Saint-Esprit, dans tous les siècles des siècles. Ainsi soit-il.

COMMUNION SPIRITUELLE.

(*Trois ans et trois quarantaines d'indulgences.*)

Mon Dieu, je crois en vous parceque vous êtes la source de toute vérité.

Mon Dieu, je vous aime de tout mon cœur, parceque vous êtes infiniment bon et infiniment aimable.

Parceque vous êtes bon, ô mon Dieu! je me repens de vous avoir offensé.

Mon Dieu et mon tout, je désire ardemment de vous recevoir, parceque vous êtes la nourriture de mon âme.

En attendant l'heureux jour où je pourrai vous recevoir sacramentellement, je vous conjure, Seigneur, de me faire participant des fruits que la communion du Prêtre doit produire en tout le peuple fidèle qui est présent à ce sacrifice. Augmentez ma foi par la vertu de ce divin Sacrement; fortifiez mon espérance, épurez en moi la charité, remplissez mon cœur de votre amour, afin qu'il ne respire plus que vous, et qu'il ne vive plus que pour vous. Ainsi soit-il.

(*On peut ici prendre des résolutions pour passer saintement la journée.*)

AUX DERNIÈRES ORAISONS.

Vous venez, ô mon Dieu, de vous immoler pour mon salut je veux me sacrifier pour votre gloire. Je suis votre victime ne m'épargnez point. J'accepte de bon cœur toutes les croix qu'il vous plaira de m'envoyer; je les bénis, je les reçois de votre main, et je les unis à la vôtre.

Je sors purifié de vos saints Mystères, je fuirai avec horreur les moindres taches du péché, surtout celui où mon penchant m'entraîne avec plus de violence. Je serai fidèle à votre loi, et je suis résolu de tout perdre et de tout souffrir plutôt que de la violer.

A LA BÉNÉDICTION.

Bénissez, ô mon Dieu, ces saintes résolutions; bénissez-nous tous par la main de votre Ministre: et que les effets de votre bénédiction demeurent éternellement sur nous. Au nom du Père, et du Fils, et du Saint-Esprit. Ainsi soit-il.

AU DERNIER ÉVANGILE.

Verbe divin, Fils unique du Père, lumière du monde venue du Ciel pour nous en montrer le chemin, ne permettez pas que je ressemble à ce peuple infidèle qui a refusé de vous reconnaître pour le Messie. Ne souffrez pas que je tombe dans le même aveuglement que ces malheureux, qui ont mieux aimé devenir esclaves de Satan que d'avoir part à la glorieuse adoption d'enfants de Dieu, que vous veniez leur procurer.

Verbe fait chair, je vous adore avec le respect le plus profond; je mets toute ma confiance en vous seul, espérant fermement que, puisque vous êtes mon Dieu, et un Dieu qui s'est fait homme afin de sauver les autres hommes, vous m'accorderez les grâces nécessaires pour me sanctifier, et vous posséder éternellement dans le Ciel. Ainsi soit-il.

PRIÈRE APRÈS LA SAINTE MESSE.

Seigneur, je vous remercie de la grâce que vous m'avez faite, en me permettant aujourd'hui d'assister au sacrifice de la sainte messe, préférablement à tant d'autres qui n'ont pas eu le même bonheur; et je vous demande pardon de toutes les fautes que j'ai commises par la dissipation et la langueur où je me suis laissé aller en votre présence. Que ce sacrifice me purifie pour le passé, et me fortifie pour l'avenir.

PRIÈRE DE S. BERNARD A LA SAINTE VIERGE.

Souvenez-vous, ô très pieuse Vierge Marie, qu'on n'a jamais entendu dire qu'aucun de tous ceux qui ont eu recours à votre protection, imploré votre secours et demandé vos suffrages, ait été abandonné. Animé d'une pareille confiance, ô Vierge des vierges, je cours et je viens à vous, et gémissant sous le poids de mes péchés, je me prosterne à vos pieds. O Mère de Jésus mon Sauveur, ne méprisez pas mes prières, mais écoutez-les favorablement, et daignez les exaucer. Ainsi soit-il.

EXERCICE POUR LA CONFESSION ET LA COMMUNION.

PRIÈRE AVANT LA CONFESSION.

Dieu saint, qui êtes toujours favorablement disposé à recevoir le pécheur, et à lui pardonner, jetez les yeux sur une âme qui retourne à vous de bonne foi, et qui cherche à laver ses taches dans les eaux salutaires de la pénitence. Faites-moi la grâce, ô mon Dieu, d'en approcher avec les dispositions nécessaires; soyez dans mon esprit, afin que je connaisse tous mes péchés; soyez dans mon cœur, afin que je les déteste; soyez dans ma bouche, afin que je les confesse et que j'en obtienne la rémission.

Esprit saint, source de lumière, daignez répandre un de vos rayons dans mon cœur, et venez m'aider à connaître mes péchés. Montrez-les-moi, Seigneur, aussi distinctement que je les connaîtrai quand au sortir de cette vie il me faudra paraître devant vous pour être jugé.

EXAMEN ABRÉGÉ.

ENVERS DIEU: *Omissions ou négligence dans nos devoirs de piété, irrévérence à l'église, distractions volontaires dans nos prières, défaut d'intention, résistance à la grâce, jurements, murmures, manque de confiance et de résignation.*

ENVERS LE PROCHAIN: *Jugements téméraires, haine, jalousie, désir de vengeance, querelles, emportements, imprécations, injures, médisances, railleries, faux rapports, dommages aux biens ou à la réputation, mauvais exemple, scandale, manque de respect, d'obéissance, de charité, de zèle, de fidélité.*

ENVERS NOUS-MÊMES: *Vanité, respect humain, mensonges, pensées, désirs, discours et actions contraires à la pureté, intempérance, colère, impatience, vie inutile et sensuelle, paresse à remplir les devoirs de notre état.*

Après s'être examiné sérieusement, il faut s'exciter à la contrition et au ferme propos.

PRIÈRE APRÈS LA CONFESSION.

Ô mon Dieu, je vous demande pardon de tous mes péchés, je les déteste pour votre amour; je fais une ferme résolution de n'y plus retomber, avec votre sainte grâce. Seigneur, je viens de reconnaître mon iniquité devant vous: effacez-la, s'il vous plaît, selon la multitude de votre miséricorde. Détournez votre vue de mes crimes, et lavez-moi de plus en plus de mes péchés. Ne permettez pas que je sois sans crainte pour mes fautes, quoique vous me les ayez pardonnées, mais faites-moi faire de dignes fruits de pénitence, afin de fuir votre colère à venir.

Je vous consacre, ô mon Dieu, les membres de mon corps; j'étais l'esclave du péché, auquel j'obéissais, et j'étais dans une fausse liberté. Que mon âme vous bénisse, et qu'elle n'oublie jamais toutes les grâces qu'elle a reçues de vous. Ainsi soit-il.

On peut dire: Souvenez-vous, *page* VIII.

AVANT LA COMMUNION.

ACTE DE FOI.

Dieu du ciel et de la terre, Sauveur des hommes: vous venez à moi, et j'aurai le bonheur de vous recevoir? Oui, Seigneur, je crois que c'est vous-même que je vais recevoir dans ce Sacrement; vous-même qui, étant né dans une crèche, avez voulu mourir pour moi sur la croix, et qui, tout glorieux que vous êtes dans le ciel, ne laissez pas d'être caché sous ces espèces adorables.

Je le crois, mon Dieu, et je m'en tiens plus assuré que si je le voyais de mes propres yeux. Je le crois parceque vous l'avez dit; que j'adore votre divine parole! Je le crois; et malgré ce que mes sens et ma raison peuvent me dire, je renonce à mes sens et à ma raison pour me captiver sous l'obéissance de la foi.

Je le crois, et s'il fallait souffrir mille morts pour la confession de cette vérité, aidé de votre grâce, ô mon Dieu, je les souffrirais plutôt que de démentir sur ce point ma croyance et ma religion.

ACTE D'HUMILITÉ.

Qui suis-je ô Dieu de gloire et de majesté! qui suis-je pour que vous daigniez jeter les yeux sur moi? D'où me vient cet excès de bonheur que mon Seigneur et mon Dieu veuille venir à moi? Moi, pécheur; moi, ver de terre; moi, plus méprisable que le néant, approcher d'un Dieu aussi saint, manger le pain des Anges, me nourrir d'une chair divine!... Ah! Seigneur, je ne le mérite pas; je n'en serai jamais digne.

Roi du ciel, auteur et conservateur du monde, monarque universel, je m'anéantis devant vous, et je voudrais pouvoir m'humilier aussi profondément pour votre gloire que vous vous abaissez dans ce Sacrement pour l'amour de moi. Je reconnais, avec toute l'humilité possible, et votre souveraine grandeur et mon extrême bassesse. La vue de l'une et de l'autre me jette dans une confusion que je ne puis exprimer. Je dirai seulement, avec une humble sincérité, que je suis très indigne de la grâce que vous daignez me faire aujourd'hui.

ACTE DE CONTRITION.

Vous venez à moi, Dieu de bonté et de miséricorde. Hélas! mes péchés devraient bien plutôt vous en éloigner : mais je les désavoue en votre présence, ô mon Dieu! Sensible au déplaisir qu'ils vous ont causé, touché de votre infinie bonté, résolu sincèrement de ne les plus commettre, je les déteste de tout mon cœur et vous en demande très humblement pardon. Pardonnez-les-moi, mon Père, mon aimable Père; puisque vous m'aimez encore jusqu'à permettre que je m'approche de vous, pardonnez-les moi.

Je suis déjà lavé, comme je l'espère, par le Sacrement de Pénitence; mais lavez-moi, Seigneur encore davantage : purifiez moi des moindres souillures, créez dans moi un cœur nouveau, et renouvelez jusqu'au fond de mes entrailles cet esprit d'innocence qui me mette en état de vous recevoir dignement.

ACTE D'ESPÉRANCE.

Vous venez à moi, divin Sauveur des âmes : que ne dois-je pas espérer de vous! que ne dois-je pas attendre de celui qui se donne entièrement à moi!

Je me présente donc à vous, ô mon Dieu, avec toute la confiance que m'inspirent votre puissance infinie et votre infinie bonté. Vous connaissez tous mes besoins; vous pouvez les soulager; vous le voulez, vous m'invitez d'aller à vous; vous me promettez de me secourir. Hé bien! mon Dieu, me voici; je viens sur votre parole. Je me présente à vous avec toutes mes faiblesses, mon aveuglement et mes misères; j'espère que vous me fortifierez, que vous m'éclairerez, que vous me soulagerez, que vous me changerez.

Je l'espère, sans crainte d'être trompé dans mon espérance; car n'êtes-vous pas, ô mon Dieu, le maître de mon cœur? et quand mon cœur sera-t-il plus absolument dans votre disposition que lorsque vous y serez une fois entré?

ACTE DE DÉSIR.

Est-il donc possible, ô Dieu de bonté, que vous veniez à moi, et que vous y veniez avec un désir infini de m'unir à vous? Oh! venez, le bien-aimé de mon cœur; venez, Agneau de Dieu, chair adorable, sang précieux de mon Sauveur; venez servir de nourriture à mon âme. Que je vous voie, ô le Dieu de mon cœur; ma joie, mes délices, mon amour, mon Dieu, mon tout!

Qui me donnera des ailes pour voler vers vous? Mon âme, éloignée de vous, impatiente d'être remplie de vous, languit sans vous, vous souhaite avec ardeur et soupire après vous, ô mon Dieu, mon unique bien, ma consolation, ma douceur, mon trésor, mon bonheur et ma vie, mon Dieu et mon tout!

Venez donc, aimable Jésus, et quelque indigne que je sois de vous recevoir, dites seulement une parole, et je serai purifié. Mon cœur est prêt, et s'il ne l'était pas, d'un seul de vos regards vous pouvez le préparer, l'attendrir et l'enflammer. Venez, Seigneur Jésus, venez.

APRÈS LA COMMUNION.

ACTE D'ADORATION.

Adorable majesté de mon Dieu! devant qui tout ce qu'il y a de plus grand dans le ciel et sur la terre se reconnaît indigne de paraître, que puis-je faire ici en votre présence, si ce n'est de me taire et de vous honorer dans le plus profond anéantissement de mon âme?

Je vous adore, ô Dieu saint, je rends mes justes hommages à cette grandeur suprême devant laquelle tout genou fléchit, en comparaison de laquelle toute puissance n'est que faiblesse, toute prospérité que misère, et les plus éclatantes lumières que ténèbres épaisses.

A vous seul, grand Dieu, roi des siècles, Dieu immortel, à vous seul appartient tout honneur et toute gloire. Gloire, honneur, salut et bénédiction à celui qui vient au nom du Seigneur! Béni soit le Fils éternel du Très-Haut, qui daigne s'unir aujourd'hui si intimement à moi, et prendre possession de mon cœur!

ACTE D'AMOUR.

J'ai donc enfin le bonheur de vous y posséder, ô Dieu d'amour! Quelle bonté! Que ne puis-je y répondre! Que ne suis-je tout cœur pour vous aimer autant que vous êtes aimable, et pour n'aimer que vous! Embrasez-moi, mon Dieu; brûlez, consumez mon cœur de votre amour. Mon bien-aimé est à moi. Jésus, l'aimable Jésus se donne à moi... Anges du ciel, Mère de mon Dieu, Saints du ciel et de la terre, prêtez-moi vos cœurs, donnez-moi votre amour pour aimer mon aimable Jésus.

Oui, je vous aime, ô le Dieu de mon cœur, je vous aime de toute mon âme; je vous aime souverainement; je vous aime pour l'amour de vous et avec une ferme résolution de n'aimer que vous. Je le jure, je le proteste; mais assurez vous-même, ô mon Dieu! ces saintes résolutions dans mon cœur, qui est présentement à vous.

ACTE DE REMERCIEMENT.

Quelles actions de grâces, ô mon Dieu, pourraient égaler la faveur que vous me faites aujourd'hui? Non content de m'avoir aimé jusqu'à mourir pour moi, Dieu de bonté, vous daignez encore venir en personne m'honorer de votre visite, et vous donner à moi! O mon âme, glorifie le Seigneur ton Dieu, reconnais sa bonté, exalte sa magnificence, publie éternellement sa miséricorde. C'est avec un cœur attendri et plein de reconnaissance, ô mon doux Sauveur! que je vous remercie de la grande grâce que vous daignez me faire. J'ai été un infidèle, un lâche, un prévaricateur; mais je ne veux pas être un ingrat : je veux me souvenir éternellement qu'aujourd'hui vous vous êtes donné à moi, et marquer par toute la suite de ma vie les obligations excessives que je vous ai, ô mon Dieu, en me donnant parfaitement à vous.

ACTE DE DEMANDE.

Vous êtes en moi, source inépuisable de tous biens ; vous y êtes plein de tendresse pour moi, les mains pleines de grâces, et prêt à les répandre dans mon cœur. Dieu bon, libéral et magnifique, répandez-les avec profusion ; voyez mes besoins, voyez votre pouvoir. Faites en moi ce pour quoi vous y venez ; ôtez ce qui vous déplait dans mon cœur, mettez y ce qui peut me rendre agréable à vos yeux. Purifiez mon corps, sanctifiez mon âme, appliquez moi les mérites de votre vie et de votre mort ; unissez-vous à moi, chaste époux des âmes ; unissez-moi à vous ; vivez en moi, afin que je vive en vous, que je vive de vous, et à jamais pour vous.

Faites en moi, aimable Sauveur, ce pour quoi vous y venez ; accordez-moi les grâces que vous savez m'être nécessaires ; accordez les mêmes grâces à tous ceux et à celles pour qui je suis obligé de prier. Pourriez vous, mon aimable Sauveur, me refuser quelque chose après la grâce que vous me faites aujourd'hui de vous donner vous-même à moi ?

ACTE D'OFFRANDE.

Vous me comblez de vos dons, Dieu de miséricorde, et en vous donnant à moi, vous voulez que je ne vive plus que pour vous. C'est aussi, ô mon Dieu, le plus grand de tous mes désirs, que d'être entièrement à vous. Oui, je veux que tout ce que j'aurai désormais de pensées, tout ce que je formerai ou exécuterai de desseins, soit dans l'ordre de la parfaite soumission que je vous dois.

Je veux que tout ce qui dépend de moi, santé, forces, esprit, talents, crédit, biens, réputation, ne soit employé que pour les intérêts de votre gloire. Assujettissez-vous donc, ô Roi de mon cœur ! toutes les puissances de mon âme ; régnez absolument sur ma volonté je la soumets à la vôtre. Après la faveur dont vous m'honorez, je ne souffrirai pas qu'il y ait rien en moi qui ne soit parfaitement à vous.

ACTE DE BON PROPOS.

O le plus patient et le plus généreux de tous les amis, qui est-ce qui pourrait désormais me séparer de vous ! Je renonce, de tout mon cœur à ce qui m'en avait éloigné jusqu'ici ; et je me propose, avec le secours de votre grâce, de ne plus retomber dans mes fautes passées.

Ainsi donc, ô mon Dieu, plus de pensées, de désirs, de paroles ou d'actions qui soient le moins du monde contraires à la pudeur ou à la charité ; plus d'impatiences, de jurements, de mensonges, de querelles, de médisances, plus d'omissions dans mes devoirs ni de langueur dans votre service ; plus de liaisons sensuelles ni d'amitiés naturelles ; plus d'attache à mes sentiments ni à mes commodités; plus de délicatesse sur les mépris et sur les discours des hommes; plus de passion pour l'estime et l'attention du monde. Plutôt mourir, ô mon Dieu, plutôt expirer ici devant vous, que de jamais vous déplaire.

Vous êtes au milieu de mon cœur, divin Jésus, c'est en votre présence que je forme ces résolutions, afin que vous les confirmiez, et que votre adorable Sacrement, que je viens de recevoir, en soit comme le sceau qu'il ne me soit jamais permis de violer. Confirmez donc, ô Dieu de bonté, le désir que j'ai d'être uniquement à vous, et de ne vivre plus que pour votre gloire. Ainsi soit-il.

RENOUVELLEMENT DES VOEUX DU BAPTÊME.

Me voici à vos pieds, ô mon Dieu, pour vous témoigner ma juste reconnaissance et vous remercier de la grâce de mon Baptême. J'étais né enfant de colère, esclave du démon; dans cet état, je ne pouvais avoir part au bonheur des Saints. C'est vous seul, ô mon Dieu, qui m'avez fait naître dans le sein de l'église catholique, et parvenir à la grâce du saint Baptême. Au même instant que je l'ai reçu, vous m'avez rendu tous mes droits à l'héritage céleste. Marqué du sceau des enfants de Dieu, ayant Jésus-Christ pour frère et pour chef, je ne devais jamais rentrer sous l'esclavage honteux du démon. Pourquoi faut-il que j'aie contristé l'Esprit Saint, que je l'aie chassé de mon cœur? Qu'est devenue la robe de mon innocence? Que sont devenus ces engagements solennels que prirent pour moi des parents chrétiens? Ah! Seigneur, je les ai violés. La robe de mon innocence, je l'ai traînée dans la fange du péché. Mais, ô mon Dieu, vous l'avez purifiée dans votre sang, et elle est devenue plus blanche que la neige. Ces promesses que j'ai violées, je les renouvelle aujourd'hui moi-même librement et dans toute la sincérité de mon cœur. Oui, je crois, et ma foi sera la règle de ma conduite. Parures mondaines, plaisirs perfides, assemblées profanes, vous ne serez rien pour mon cœur. Evangile saint, vous ferez mes délices. Temples sacrés, vous serez ma demeure. Justes de la terre, je viendrai chanter au milieu de vous les louanges du Seigneur; et lorsque ma dernière heure sera venue, les Anges me recevront avec vous dans les Tabernacles éternels, où nous posséderons, sans crainte de le perdre, le Dieu qui nous a visités.

ACTE DE CONSÉCRATION A LA SAINTE VIERGE.

Très sainte Marie, mère de Dieu, souveraine maîtresse des Anges et des hommes, ceux et celles que vous voyez ici prosternés à vos pieds sont autant d'enfants chrétiens que votre Fils a nourris pour la première fois de son corps adorable, qu'il a enivrés de son sang précieux, et auxquels il a inspiré la résolution de n'aimer que lui seul: ce sont des enfants que leur Première Communion a rendus plus particulièrement les vôtres; ils viennent rendre hommage à vos grandeurs, reconnaître vos bontés et réclamer votre protection. Chargé d'exprimer les sentiments dont ils sont pénétrés, désirant de répondre à leur piété et de me satisfaire moi-même, je vous offre leur cœur et le mien; c'est le gage de notre respect, de notre amour pour vous, et de la tendre confiance que nous avons en vos miséricordes. Agréez la protestation que nous faisons de vivre et de mourir dans votre service. Pour toute récompense, nous vous demandons de mettre le comble à notre bonheur, et de rendre ce jour le plus heureux de notre vie, en nous accordant votre sainte protection, et en exauçant les vœux que nous vous adressons de tout notre cœur, pour nos parents, nos amis, nos bienfaiteurs, et surtout pour ces charitables Ministres qui se sont efforcés, par leurs instructions, de nous rendre dignes de la meilleure de toutes les mères. Ainsi soit-il.

VÊPRES DU DIMANCHE.

Psaume 109.

Dixit Dominus Domino meo : * Sede à dextris meis.

Donec ponam inimicos tuos, *scabellum pedum tuorum.

Virgam virtutis tuæ emittet Dominus ex Sion : * dominare in medio inimicorum tuorum.

Tecum principium in die virtutis tuæ, in splendoribus sanctorum : * ex utero ante luciferum genui te.

Juravit Dominus, et non pœnitebit eum : * Tu es sacerdos in æternum, secundùm ordinem Melchisedech.

Dominus à dextris tuis, * confregit in die iræ suæ reges.

Judicabit in nationibus, implebit ruinas : * conquassabit capita in terrâ multorum.

De torrente in viâ bibet, * propterea exaltabit caput.

Gloria, etc.

Ant. Dixit Dominus Domino meo : sede à dextris meis.

Ps. 110.

Confitebor tibi, Domine, in toto corde meo : * in consilio justorum et congregatione.

Magna opera Domini, * exquisita in omnes voluntates ejus.

Confessio et magnificentia opus ejus, * et justitia ejus manet in sæculum sæculi.

Memoriam fecit mirabilium suorum misericors et miserator Dominus : * escam dedit timentibus se.

Memor erit in sæculum testamenti sui : * virtutem operum suorum annuntiabit populo suo.

Ut det illis hæreditatem gentium, * opera manuum ejus veritas et judicium.

Fidelia omnia mandata ejus, confirmata in sæculum sæculi; * facta in veritate et æquitate.

Redemptionem misit populo suo : * mandavit in æternum testamentum suum.

Sanctum et terribile nomen ejus : * initium sapientiæ timor Domini.

Intellectus bonus omnibus

facientibus eum : * laudatio ejus manet in sæculum sæculi.

Gloria Patri, etc.

Ant. Fidelia omnia mandata ejus, confirmata in sæculum sæculi.

Psaume III.

Beatus vir qui timet Dominum, * in mandatis ejus volet nimis.

Potens in terrâ erit semen ejus : * generatio rectorum benedicetur.

Gloria et divitiæ in domo ejus : * et justitia ejus manet in sæculum sæculi.

Exortum est in tenebris lumen rectis : * misericors et miserator et justus.

Jucundus homo qui miseretur et commodat, disponet sermones suos in judicio, * quia in æternum non commovebitur.

In memoriâ æternâ erit justus : * ab auditione malâ non timebit.

Paratum cor ejus sperare in Domino, confirmatum est cor ejus : * non commovebitur donec despiciat inimicos suos.

Dispersit, dedit pauperibus, justitia ejus manet in sæculum sæculi : * cornu ejus exaltabitur in gloriâ.

Peccator videbit et irascetur; dentibus suis fremet et tabescet : * desiderium peccatorum peribit. Gloria, etc.

Ant. Qui timet Dominum, in mandatis ejus cupit nimis.

Ps. 112.

Laudate, pueri, Dominum; * laudate nomen Domini.

Sit nomen Domini benedictum, * ex hoc nunc et usque in sæculum.

A solis ortu usque ad occasum, * laudabile nomen Domini.

Excelsus super omnes gentes Dominus, * et super cœlos gloria ejus.

Quis sicut Dominus Deus noster, * qui in altis habitat, et humilia respicit in cœlo et in terrâ?

Suscitans à terrâ inopem, * et de stercore erigens pauperem.

Ut collocet eum cum principibus, * cum principibus populi sui.

Qui habitare facit sterilem in domo, * matrem filiorum lætantem. Gloria, etc.

Ant. Sit nomen Domini benedictum in sæcula.

Ps. 113.

In exitu Israel de Ægypto, * domùs Jacob de populo barbaro.

Facta est Judæa sanctificatio ejus ; * Israel potestas ejus.

Mare vidit et fugit : * Jordanis conversus est retrorsùm.

Montes exultaverunt ut arietes, * et colles sicut agni ovium?

Quid est tibi, mare, quòd fugisti ; * et tu, Jordanis, quia conversus es retrorsùm ?

Montes, exultàstis sicut arietes? * et colles, sicut agni ovium?

A facie Domini mota est terra, * à facie Dei Jacob.

Qui convertit petram in stagna aquarum, * et rupem in fontes aquarum.

Non nobis, Domine, non nobis, * sed nomini tuo da gloriam, super misericordiâ tuâ et veritate tuâ.

Nequandò dicant gentes ; * Ubi est Deus eorum ?

Deus autem noster in cœlo : * omnia quæcumque voluit fecit.

Simulacra gentium argentum et aurum, * opera manuum hominum.

Os habent, et non loquentur : * oculos habent, et non videbunt.

Aures habent, et non audient :* nares habent, et non odorabunt.

Manus habent, et non palpabunt, pedes habent, et non ambulabunt :* non clamabunt in gutture suo.

Similes illis fiant qui faciunt ea,* et omnes qui confidunt in eis.

Domus Israel speravit in Domino :* adjutor eorum et protector eorum est.

Domus Aaron speravit in Domino :* adjutor eorum et protector eorum est.

Qui timent Dominum speraverunt in Domino :* adjutor eorum et protector eorum est.

Dominus memor fuit nostri,* et benedixit nobis.

Benedixit domui Israel;* benedixit domui Aaron.

Benedixit omnibus qui timent Dominum;* pusillis cum majoribus.

Adjiciat Dominus super vos,* super vos et super filios vestros.

Benedicti vos à Domino,* qui fecit cœlum et terram.

Cœlum cœli Domino :* terram autem dedit filiis hominum.

Non mortui laudabunt te, Domine,* neque omnes qui descendunt in infernum.

Sed nos qui vivimus, benedicimus Domino,* ex hoc nunc, et usque in sæculum. Gloria, etc.

Ant. Nos qui vivimus, benedicimus Domino.

HYMNE.

O luce qui mortalibus
Lates inaccessâ, Deus!
Præsente quo sancti tremunt,
Nubuntque vultus Angeli!

Hic, ceu profundâ conditi
Demergimur caligine;
Æternus at noctem suo
Fulgore depellet dies.

Hunc nempè nobis præparas,
Nobis reservas hunc diem,
Quem vix adumbrat splendida
Flammantis astri claritas.

Moraris hen! nimis diù,
Moraris, optates dies;
Ut te fruamur noxii
Linquenda moles corporis.

His cùm soluta vinculis,
Mens evolarit, ô Deus!
Videre te, laudare te,
Amare te non desinet.

Ad omne nos apta bonum,
Fœcunda donis Trinitas:
Fac lucis usuræ brevi,
Æterna succedat dies. Amen.

Cantique de la T. S. Vierge.

Magnificat * anima mea Dominum.

Et exultavit spiritus meus,* in Deo salutari meo.

Quia respexit humilitatem ancillæ suæ: ecce enim ex hoc beatam me dicent omnes generationes.

Quia fecit mihi magna qui potens est,* et sanctum nomen ejus.

Et misericordia ejus à progenie in progenies,* timentibus eum.

Fecit potentiam in brachio suo;* dispersit superbos mente cordis sui.

Deposuit potentes de sede,* et exaltavit humiles.

Esurientes implevit bonis;* et divites dimisit inanes.

Suscepit Israel puerum suum,* recordatus misericordiæ suæ.

Sicut locutus est ad patres nostros,* Abraham et semini ejus in sæcula. Gloria.

CHANTS PIEUX.

CANTIQUES PRÉLIMINAIRES.

1. — Invitation à louer le Seigneur.

AIR N°⁸ 86, 204, 237 ; sans refrain N°⁸ 1, 17, 67, 119, 194, 248.

A qui doit-on consacrer du bel âge
La douce voix, les sons mélodieux ?
C'est au Seigneur qu'en appartient l'usage ;
Il est l'auteur de ces dons précieux.   (bis.)

REFRAIN.

Tendre jeunesse,
Dans ce séjour,
Chantons sans cesse
Un Dieu si plein d'amour.

De la vertu célébrez les doux charmes ;
Vos anges saints s'uniront à vos voix ;
Et les pécheurs, les yeux remplis de larmes,
Viendront aussi se ranger sous ses lois.   (bis.)

Sainte pudeur, ornement de la vie,
Tous les mortels te doivent leur encens :
Si Babylone et t'outrage et t'oublie,
Rien ne pourra te bannir de nos chants.   (bis.)

Encor captifs, exilés sur la terre,
Joignons nos chants aux chants des bienheureux ;
C'est préluder, dans ce lieu de misère,
Au saint emploi qui nous attend aux cieux.   (bis.)

2. — Nécessité de se donner à Dieu.

AIR N° 2.

A servir le Seigneur
Que votre cœur s'empresse ;
Montrez, chère jeunesse,
Montrez tous votre ardeur
A servir le Seigneur.

Dieu seul doit vous charmer ;
Il est le bien suprême.
Il vous aime lui-même ;
Peut-on ne pas l'aimer ?
Dieu seul doit vous charmer.

D'un jeune et tendre cœur,
Oh ! qu'il aime l'offrande !
A tous il la demande :
Lui seul fait le bonheur
D'un jeune et tendre cœur.

Commencez, dès ce jour,
D'aimer un si bon père :
Souvent, pour qui diffère,
Il n'est pas de retour :
Commencez dès ce jour.

Aimez la pureté ;
Quel bien plus estimable !
Rien de plus agréable
Au Dieu de sainteté :
Aimez la pureté.

Fuyez les vains plaisirs
Que le monde présente ;
Qu'une vie innocente
Fixe tous vos désirs :
Fuyez les vains plaisirs.

O Dieu plein de bonté,
Secourez-nous sans cesse ;
Gardez notre jeunesse
De toute iniquité,
O Dieu plein de bonté.

Régnez sur notre cœur,
Soyez notre partage ;
Et que, croissant en âge,
Nous croissions en ferveur.
Régnez dans notre cœur.

3. — Sentiments de piété à la vue des créatures.

AIR N° 3.

Ouvrages du Seigneur,
Célébrez sa grandeur ;
Annoncez sa puissance et sa gloire :
Ouvrages du Seigneur,
Célébrez sa grandeur,
Rendez gloire à votre Créateur.
Vos beautés, vos attraits,
De ses divins bienfaits
Rappellent la mémoire ;

Vos beautés, vos attraits,
De ses divins bienfaits
Nous offrent mille traits.

Quel éclat radieux
Dans la voûte des cieux !
Qu'on y voit de beautés ineffables !
Quel éclat radieux
Dans la voûte des cieux !
Que d'objets y ravissent mes yeux !
Astres du firmament,
Louez incessamment
Ses grandeurs adorables ;
Astres du firmament,
Louez incessamment
Un maître si puissant.

Venez tous, ô mortels,
Au pied des saints autels,
Adorer ce monarque suprême ;
Venez tous, ô mortels,
Au pied des saints autels,
L'honorer par des vœux solennels.
Il vous fait, chaque jour,
Éprouver son amour,
Aimez-le comme il aime ;
Il vous fait, chaque jour,
Éprouver son amour,
Aimez-le à votre tour.

Anges, répétez-nous
Ces cantiques si doux,
Que vos voix font entendre sans cesse ;
Anges, répétez-nous
Ces cantiques si doux ;
Nous voulons louer Dieu comme vous.
Qu'à jamais notre cœur
Imite la ferveur
Du zèle qui vous presse ;
Qu'à jamais notre cœur
Imite la ferveur
Qui fait votre bonheur.

4. — MÊME SUJET.

AIR Nos 4, 5, 23, 96, 161, 182, 222, 238.

REFRAIN.

Heureux séjour de l'innocence,
Ruisseaux, vallons délicieux,
Chantons celui dont la puissance
Forma ces agréables lieux.

Dans cette aimable solitude
Où tout semble fait pour charmer,
Je le sers sans inquiétude,
Et ne m'occupe qu'à l'aimer.   Heureux, etc.

L'astre brillant qui nous éclaire
Nourrit et ranime les fleurs :
Ainsi sa grâce salutaire
Échauffe et ranime nos cœurs !   Heureux, etc.

Un lis brille sur le rivage
Par son éclatante blancheur ;
Heureux si ce lis est l'image
De la pureté de mon cœur !   Heureux, etc.

Oiseaux dont les chants pleins de charmes
Forment les plus tendres accents,
Je vous entendrai sans alarmes ;
Tous vos concerts sont innocents.   Heureux, etc.

Paissez, agneaux, dans la prairie,
Et bénissez le bon pasteur ·
Qu'on est paisible dans la vie
Lorsque l'on a votre douceur !   Heureux, etc.

Avant le Catéchisme.

5.—OUVERTURE.

AIR Nos 5, 4, 96, 132, 182, 222.

Salut, aimable et cher asile,
Où Dieu même instruit ses enfants ;

Où des beautés de l'Évangile
Il charme leurs cœurs innocents. (bis.)

Ici la Foi de ses nuages
Semble à nos yeux se dégager ;
Ici nos cœurs sont moins volages,
Et le saint joug est plus léger. (bis.)

Heureux celui qui, dès l'enfance,
Peut à l'ombre de ces saints lieux
Abriter sa tendre innocence
Contre un monde contagieux ! (bis.)

Dans cet asile tutélaire
Il croît sous les yeux du Seigneur,
Comme en un vallon solitaire
Un lis éclatant de blancheur. (bis.)

Où trouver un plus saint asile,
Un séjour de plus douce paix ?
Un jour ici vaut mieux que mille
Sous l'or des plus riches palais. (bis)

Dans ton sein, ô doux sanctuaire,
Pour moi le ciel a plus d'attraits ;
Plus vive y monte ma prière,
Plus prompts descendent ses bienfaits. (bis.)

LE TOURNEUR, ÉV.

CANTIQUES HEBDOMADAIRES.
6. — DIMANCHE.

AIR N° 6.

Esprit Saint, descendez en nous ; (bis.)
Embrasez notre cœur de vos feux les plus doux.
  Esprit saint, etc.

Sans vous, notre vaine prudence
Ne peut, hélas ! que s'égarer.
Ah ! dissipez notre ignorance, (bis.)
    Esprit d'intelligence,
      Venez nous éclairer.   Esprit saint, etc.

— 6 —

Le noir enfer, pour nous livrer la guerre,
Se réunit au monde séducteur ;
Tout est pour nous embûches sur la terre :
   Soyez, soyez notre libérateur. (*bis.*)   Esprit, etc.

Enseignez-nous la divine sagesse ;
Seule elle peut nous conduire au bonheur :
Dans ses sentiers qu'heureuse est la jeunesse,
   Qu'heureuse est la vieillesse !   Esprit, etc.

7. — MÊME JOUR.
AIR N° 7.

JÉSUS.

Mon fils, pour apprendre
Le vrai chemin du Paradis,
Venez pour entendre
  Ce que je dis :
C'est une doctrine,
Où je viens, en maître, ensei-
  Ma loi divine   [gner
  Pour vous sauver.

L'ENFANT.

Sauveur débonnaire,
Docteur de toute vérité,
On ne peut vous plaire
  Sans charité,
Notre cœur s'empresse
A bien apprendre à vous aimer :
  Et veut sans cesse
  Vous écouter.

JÉSUS.

Ma sainte parole [soumis ;
Demande un cœur humble et
Pour l'esprit frivole
  J'ai du mépris :
Un enfant bien sage
Chérira mes enseignements,
  Et le volage
  Ses passe-temps.

L'ENFANT.

Faites-nous la grâce
Pour profiter de vos bontés,
Que notre cœur fasse
  Vos volontés :
A votre doctrine
Nous irons tous avec ferveur ;
  C'est l'origine
  De tout bonheur.

8. — LUNDI.

AIR N°s 8, 86, 201, 237 ; sans refrain N°s 1, 17, 67, 119, 194.

Esprit divin, consolateur aimable,
Don du Très-Haut, don le plus précieux ;
Du pur amour, ô source inépuisable !
Enivrez-nous des délices des cieux.

REFRAIN.

Des pures flammes
De votre amour,
Brûlez nos âmes,
Esprit Saint, dans ce jour.

Découvrez-nous, d'un rayon de lumière,
L'éclat du Père et la gloire du Fils,
Vous, Esprit Saint, que notre foi révère
Comme l'amour dont leurs cœurs sont unis. Des, etc.

Vierge puissante, aidez notre faiblesse,
Faites-nous voir la beauté des vertus ;
Et montrez-nous ce lieu plein d'allégresse
Où vous régnez au milieu des élus.   Des, etc.

9. — MÊME JOUR.

AIR *Salut, ô Marie !* N° 137.

Esprit de lumière,
Formez ma prière ;
Venez sur la terre ;
Comblez tous nos vœux.

Esprit, etc.

Embrasez nos âmes
Des plus pures flammes ;
Embrasez nos âmes
De vos plus doux feux.

Esprit, etc.

Notre âme attendrie
Aujourd'hui vous prie,
Qu'elle soit remplie
De dons précieux.

Esprit, etc.

Esprit de sagesse,
Gardez-nous sans cesse ;
Esprit de sagesse,
Menez-nous aux cieux.

Esprit, etc.

10. — MARDI.

AIR N° 10.

Dieu puissant, Esprit glorieux,
Qui du trésor de la science
Gardes le dépôt dans les cieux,

Nos cœurs, remplis de ta présence,
Te consacrent ces chants pieux.

REFRAIN.

Aux accents de notre prière
Prête l'oreille, Esprit d'amour, (*Fin.*)
Et laisse à nos yeux en ce jour
Briller un rayon de lumière !
Aux accents, etc.

Nous aimons à nous réunir
Dès notre enfance à ton école ;
Descends des cieux pour nous bénir,
Et que ta divine parole
Jusqu'à nos cœurs daigne venir !
Aux accents, etc.

11. — MÊME JOUR.

AIR Nos 11, 211, 230, 156, 82, 122, 165.

Esprit Saint, dans nos âmes
Allumez vos ardeurs,
Et de vos pures flammes
Embrasez tous nos cœurs.

Esprit Saint, etc.

Il n'est point de science
Sans vous, dans les humains,
Et sans votre assistance
Tous nos efforts sont vains.

Esprit Saint, etc.

De votre loi si sainte
Gravez en nous les traits ;
Que dans nos cœurs empreinte
Elle y règne à jamais.

Esprit Saint, etc.

Notre faible jeunesse
Se confie à vos soins.
Inspirez-nous sans cesse ;
Veillez sur nos besoins.

Esprit Saint, etc.

12. — MERCREDI.

AIR N° 12.

Venez, Esprit Saint, pur amour,
Descendez sur nous en ce jour ;
Allumez par vos traits vainqueurs
Le feu divin dans tous les cœurs.

CHOEUR.

 Esprit créateur,
  Divin consolateur,
Régnez à jamais dans notre cœur.

Grand Dieu, souverain Créateur,
Envoyez le Consolateur ;
Vous verrez, malgré les enfers,
Renouveler tout l'univers. Esprit, etc.

Vous qui seul êtes notre fin,
Guidez-nous par l'Esprit divin :
Faites, Seigneur, qu'à tous moments
Nous en suivions les mouvements. Esprit, etc.

13. — MÊME JOUR.

LE SUB TUUM.

AIR Nos 13, 82, 111, 122, 158, 165, 211, 230.

Puissante protectrice
Des fragiles humains ;
Vierge toujours propice,
Veillez sur nos destins.
Mille sujets d'alarmes
Sont semés sur nos pas :
Dans ce séjour de larmes
Ne nous délaissez pas.

Satan, la chair, le monde
Conspirent contre nous :
Que votre bras confonde
Tous leurs efforts jaloux.

Vous êtes notre Mère,
Secourez vos enfants :
En vous leur cœur espère ;
Rendez-les triomphants.

Partout à l'innocence
Des piéges sont tendus ;
Prenez notre défense,
Ou nous sommes perdus.

Ah ! sur notre faiblesse
Daignez fixer vos yeux,
Et guidez-nous sans cesse
Pour nous conduire aux cieux.

14. — JEUDI.

AIR N° 14.

 Votre parole,
  Qui nous console,
Va donc tomber sur notre cœur !

Cette semence
De l'innocence
Fera germer le vrai bonheur,

Esprit de flamme,
Donnez à l'âme
De ceux que vous avez bénis,
La douce grâce
De prendre place
Dans le séjour du paradis.

15. — MÊME JOUR.

AIR Nos 15, 213, 253.

Esprit Saint, Dieu d'amour,
Comblez nos vœux en ce jour. (bis.)

Que votre amour immense,
Que vos saintes ardeurs
Conservent dans nos cœurs
La paix et l'innocence.
Esprit, etc.

De toute notre vie
Daignez régler le cours.
Sans cesse de nos jours
Prenez soin, je vous prie.
Esprit, etc.

16. — VENDREDI.

AIR Nos 16, 64.

Du céleste séjour,
Esprit d'amour,
Dieu de lumière,
Comblez-nous, en ces lieux,
De vos dons précieux,
Vous, l'amour éternel et du Fils et du Père.

REFRAIN

De vos feux les plus doux
Embrasez-nous.
Dans ce séjour,
Esprit saint, Dieu d'amour,
Embrasez-nous
De vos feux les plus doux.

Conduisez-nous toujours,
Réglez le cours
De notre vie :
Au milieu du danger
Daignez la protéger,
Que toujours d'innocence elle soit embellie. De vos, etc.

17. — MÊME JOUR.

AIR Nos 17, 1, 67, 119, 194, 235, 248.

O Saint-Esprit, donnez-nous vos lumières,
Venez en nous pour nous embraser tous,
Pour nous régler et former nos prières ;
Nous ne pouvons faire aucun bien sans vous.

Priez pour nous, sainte Vierge Marie ;
Obtenez-nous grâce auprès du Sauveur,
Pour écouter les paroles de vie
Et les garder, comme vous, dans nos cœurs.

18. — SAMEDI.

AIR Nos 18, 110.

Descends du ciel dans ce séjour,
Esprit divin, Dieu de lumière,
Et répands sur nous, dans ce jour,
Tes dons, ta grâce salutaire ;
Des purs rayons de ton amour
  Viens éclairer nos âmes,
Embraser notre cœur de tes divines flammes.

Daigne toujours guider nos pas
Tant que nous serons sur la terre
Accorde-nous dans les combats
Ton assistance tutélaire ;
Jusqu'au jour de notre trépas
  Viens éclairer nos âmes,
Embraser notre cœur de tes divines flammes.

19. — MÊME JOUR.
AIR Nº 19.

Je vous salue, ô sainte, ô divine Marie,
    Vous êtes de grâces remplie,
    Et le Seigneur est avec vous :
Vous êtes par dessus toutes femmes bénie ;
Que le bienheureux fruit qui prit de vous la vie
    Soit à jamais béni de tous.

Sainte Vierge Marie, incomparable Mère
    D'un Fils qui n'a que Dieu pour Père,
    Et qui s'est fait notre Sauveur,
Maintenant et surtout à notre heure dernière,
Quand nous ne pourrons plus offrir notre prière,
    Priez pour nous, le Rédempteur.

20. — Fin de la journée, symbole de notre vie.
AIR Nºˢ 20, 1, 17, 67, 119, 194, 248.

Le soleil vient de finir sa carrière,
Comme un instant ce jour s'est écoulé.
Jour après jour, ainsi la vie entière
S'écoule et passe avec rapidité.

A chaque instant l'éternité s'avance ;
Que faisons-nous pour nous y préparer ?
De nos péchés faisons-nous pénitence ?
Et savons-nous du moins les abjurer ? Le soleil, etc.

Si cette nuit le souverain arbitre
Nous appelait devant son tribunal,
A sa clémence avons-nous quelque titre ?
Que lui répondre en cet instant fatal ? Le soleil, etc.

Le cœur touché d'un repentir sincère,
Pleurons, pleurons les fautes de ce jour ;
D'un Dieu vengeur désarmons la colère :
Un cœur contrit regagne son amour. Le soleil, etc.

PREMIÈRE PARTIE.

PROPRE DU TEMPS.

1er Dimanche de l'Avent.

21. — Jugement dernier.

AIR N° 21.

Dieu va déployer sa puissance :
Le temps comme un songe s'enfuit.
Les siècles sont passés, l'éternité commence,
Le monde va rentrer dans l'horreur de la nuit.

Dieu, etc.

J'entends la trompette effrayante ;
Quel bruit ! quels lugubres éclairs !
Le Seigneur a lancé sa foudre étincelante,
Et ses feux dévorants embrasent l'univers.

J'entends, etc.

Les monts foudroyés se renversent,
Les êtres sont tous confondus :
La mer ouvre son sein, les ondes se dispersent ;
Tout est dans le chaos, et le monde n'est plus.

Les monts, etc.

Sortez des tombeaux, ô poussière !
Dépouille des pâles humains :
Le Seigneur vous appelle, il vous rend la lumière ;
Il va sonder les cœurs et fixer les destins.

Sortez, etc.

Il vient, tout est dans le silence ;
Sa croix porte au loin la terreur :
Le pécheur consterné frémit à sa présence,
Et le juste lui-même est saisi de frayeur.

Il vient, etc.

Assis sur un trône de gloire,
Il dit : Venez, ô mes élus !
Comme moi vous avez remporté la victoire ;
Recevez de mes mains le prix de vos vertus.

Assis, etc.

Tombez dans le sein des abimes,
Tombez, pécheurs audacieux ;
De mon juste courroux, immortelles victimes,
Vils suppôts des démons, vous brûlerez comme eux.

Tombez, etc.

Triste éternité de supplices,
Tu vas donc commencer ton cours ?
De l'heureuse Sion ineffables délices,
Bonheur, gloire des Saints, vous durerez toujours.

Triste éternité, etc.

Vén. Montfort.

22.—Soupirs après la venue du Messie.

AIR Nos 22, 34.

Venez, divin Messie,
Sauver nos jours infortunés ;
Venez, source de vie,
Venez, venez, venez. (Fin.)

Ah ! descendez, hâtez vos pas,
Sauvez les hommes du trépas ;
Secourez-nous, ne tardez pas :
Venez, divin Messie,
Sauver nos jours infortunés ;
Venez, source de vie,
Venez, venez, venez. Venez, divin, etc.

Ah ! désarmez votre courroux,
Nous soupirons à vos genoux ;
Seigneur, nous n'espérons qu'en vous.
 Pour nous faire la guerre,
Tous les enfers sont déchaînés ;
 Descendez sur la terre,
  Venez, venez, venez. Venez, divin, etc.

Que nos soupirs soient entendus :
Les biens que nous avons perdus
Ne nous seront-ils pas rendus ?
 Voyez couler nos larmes :
Grand Dieu, si vous nous pardonnez,
 Nous n'aurons plus d'alarmes ;
  Venez, venez, venez. Venez, divin, etc.

Si vous venez en ces bas lieux,
Nous vous verrons victorieux,
Fermer l'enfer, ouvrir les cieux
 Nous l'espérons sans cesse ;
Les cieux nous furent destinés :
 Tenez votre promesse,
  Venez, venez, venez. Venez, divin, etc.

Ah ! puissions-nous chanter un jour,
Dans votre bienheureuse cour,
Et votre gloire et votre amour !
 C'est là l'heureux partage
De ceux que vous prédestinez :
 Donnez-nous-en le gage,
  Venez, venez, venez. Venez, divin, etc.

2° Dimanche de l'Avent.

23. — Sur la venue du Messie.

AIR N°s 23, 4, 96, 105, 116, 120, 161.

Le Dieu que nos soupirs appellent,
Hélas ! ne viendra-t-il jamais ?
Les siècles qui se renouvellent
Accompliront-ils ses décrets ?

REFRAIN.

Enfin l'heureux moment s'avance,
Un Dieu vient essuyer nos pleurs :
Il va combler notre espérance ⎫ (bis.)
Et mettre fin à nos malheurs. ⎭

Le verrons-nous bientôt éclore,
Ce jour promis à notre foi?
Viens dissiper, brillante aurore,
Les ombres de l'antique loi. Enfin. etc.

Sous un toit pauvre et solitaire,
Je vois un ange descendu :
O prodige ! ô grâce ! ô mystère !
Dieu parle, et le Verbe est conçu. Enfin, etc.

Son amour nous rend tout facile ;
Ne combattons plus ses desseins;
Parmi nous lui-même il s'exile,
Pour finir l'exil des humains. Enfin, etc.

Il répand des grâces nouvelles,
Consomme ses engagements ;
A ses lois demeurons fidèles,
Comme il le fut à ses serments. Enfin, etc.

24. — MÊME SUJET,

AIR N° 24.

O Dieu de clémence,
Viens par ta présence
Combler nos désirs,
Apaiser nos soupirs. (Fin.)
Sauveur secourable,
Parais à nos yeux ;
A l'homme coupable
Viens ouvrir les cieux.
Céleste victime,
Ferme-lui l'abime.

O Dieu, etc.

Sagesse éternelle,
Lumière immortelle,
Viens du haut des cieux,
Viens éclairer nos yeux. (Fin.)
Justice adorable,
Parais à jamais ;
O toujours aimable,
Viens, céleste paix.
Qu'ils seront durables,
Tes biens ineffables !

Sagesse, etc.

Peuple inconsolable,	Un dur esclavage
Le Ciel favorable,	Fut notre partage :
Sensible à tes pleurs,	Il brise nos fers
Met fin à tes malheurs. (*Fin.*)	Et sauve l'univers. (*Fin.*)
Le Dieu de justice	Loin de sa présence
Remplit tes désirs ;	Le crime s'enfuit,
Il sera propice	Et par sa présence
Aux humbles soupirs :	L'enfer est détruit.
Ils vont jusqu'au trône	A tous, sa naissance
Du Dieu qui pardonne.	Rendra l'innocence.
Peuple, etc.	Un dur, etc.

3e Dimanche de l'Avent.

25. — Le Messie et l'Ame.

AIR N° 41.

L'Ame. O Monarque suprême,
O Dieu de Majesté,
Dieu caché dans vous-même
De toute éternité !
Les temps sont accomplis, apparaissez aux hommes ;
Venez, venez et montrez-vous ;
Faites-vous enfant comme nous ;
Soyez ce que nous sommes.

Seigneur, daignez-vous rendre
Et répondre à nos vœux.
Le Messie. Je ne puis m'en défendre,
J'y réponds, je le veux.
Je viens, mais je prétends me choisir ma demeure.
L'Ame. Telle, Seigneur, qu'il vous plaira.
Le Messie. Une étable me suffira ;
J'y descends dès cette heure.

L'Ame. Vous qu'un père adorable,
Engendre dans son sein,
Naître dans une étable,
Quel est votre dessein ?
Pourquoi non dans un lieu séjour de l'opulence ?

Le Messie. C'est afin que ma pauvreté
  Vous enseigne l'humilité,
    La première science.

    Je prétends que ma vie
    Vous tienne lieu de loi.
L'Ame. Ah ! j'en serai ravie,
    Mon Seigneur et mon Roi.
Le Messie. Combien il est aisé d'imiter ce qu'on aime !
    Alors il est doux de souffrir,
    Alors même, s'il faut mourir,
    C'est le bonheur suprême.

Ou Venez, divin Messie, *page* 14.

4ᵉ Dimanche de l'Avent.

26. — Saints désirs du Messie.

AIR Nᵒˢ 26, 54, 138, 202.

Oh ! quand viendra l'heureux moment
Qui doit finir notre misère !
Ah ! quand viendra l'auguste enfant
Qui donne la paix à la terre.

REFRAIN.

Qu'il vienne, en Roi victorieux,
Fermer l'enfer, ouvrir les cieux ! } (*bis.*)

Du jour qui fait notre bonheur
Déjà l'on voit briller l'aurore ;
Voilà que de Jessé la fleur
Pour nous, mortels, est près d'éclore. Qu'il, etc.

De Bethléem doit s'élever
Ce brillant soleil de justice ;
Trop longue nuit, tu vas céder
A cette lumière propice. Qu'il vienne, etc.

Parais enfin, divin enfant ;
Tout l'univers dans la souffrance
Après toi soupire ardemment ;
Viens opérer sa délivrance. Qu'il vienne, etc.

Dans ta naissance, à tous nos maux
Nous trouverons le vrai remède ;
Et l'espoir des jours les plus beaux
A nos pleurs aujourd'hui succède. Qu'il vienne, etc.

Surtout daigne naître en nos cœurs ;
Tu vois leur extrême indigence ;
Enrichis-les de tes faveurs,
Rends-les dignes de ta présence. Qu'il vienne, etc.

Ou Le Dieu que nos soupirs appellent, *page* 15.

Veille de Noël.

27. — Prochaine attente du Messie.

AIR Nos 22, 34.

Venez, Verbe adorable,
Guérir nos cœurs infortunés ;
La douleur nous accable,
Venez, venez, venez. (*Fin.*) Venez, etc.

Quoi ! faudra-t-il gémir toujours
Sans espérance de secours ?
A vous seul le monde a recours.
O puissance ineffable,
Voyez des cœurs infortunés,
Venez, Verbe adorable,
Venez, venez, venez. Venez, etc.

Venez dompter nos ennemis ;
Seigneur, vous nous l'avez promis ;
Ce doux espoir nous est permis.
L'enfer nous fait la guerre,
Tous les humains sont consternés ;
Descendez sur la terre,
Venez, venez, venez. Venez, etc.

Entendez-nous, du haut des cieux ;
Venez, en Roi victorieux,
Montrer votre gloire à nos yeux.

Que la terre applaudisse
Aux biens que vous nous destinez ;
  Que tout se réjouisse ;
  Venez, venez, venez. Venez, etc.

Puissions-nous voir les cieux ouverts ;
Malgré la rage des enfers ;
Hâtez-vous de briser nos fers ;
  Rendez-nous l'héritage
Qu'attendent les prédestinés ;
  Achevez votre ouvrage.
  Venez, venez, venez. Venez, etc.

Déjà les plus charmants concerts
Se font entendre dans les airs ;
Vous ferez grâce à l'univers :
  Nous vous voyons descendre ;
Que de trésors nous sont donnés,
  Quels biens vont se répandre !
  Venez, venez, venez. Venez, etc.

FÊTE DE NOEL.

28.—Echo des montagnes de Bethléem.

AIR N° 28.

J'entends là-bas dans la plaine,
Les Anges, descendus des cieux,
Chanter à perte d'haleine
Ce cantique mélodieux :
Gloria in excelsis Deo. (bis.)

Bergers, pour qui cette fête ?
Quel est l'objet de tous ces chants ?
Quel vainqueur, quelle conquête
Mérite ces cris triomphants ?
Gloria in excelsis Deo. (bis.)

Ils annoncent la naissance
Du libérateur d'Israël ;
Et, pleins de reconnaissance,
Chantent en ce jour solennel :
Gloria in excelsis Deo. (bis.)

Cherchons tous l'heureux village
Qui l'a vu naître sous ses toits ;
Offrons-lui le tendre hommage
Et de nos cœurs et de nos voix.
Gloria in excelsis Deo. (bis.)

Dans l'humilité profonde
Où vous paraissez à nos yeux,
Pour vous louer, ô Dieu du monde !
Nous redirons ce chant joyeux :
Gloria in excelsis Deo. (bis.)

Déjà par la bouche de l'Ange,
Par les hymnes des chérubins,
Les hommes savent la louange
Qui se chante aux parvis divins.
Gloria in excelsis Deo. (bis.)

Bergers, quittez vos retraites,
Unissez-vous à leurs concerts,
Et que vos tendres musettes
Fassent retentir les airs.
Gloria in excelsis Deo. (bis.)

Dociles à leurs exemples,
Seigneur, nous viendrons désormais,
Au milieu de votre temple,
Chanter avec eux vos bienfaits.
Gloria in excelsis Deo. (bis.)

29. — Naissance de Jésus-Christ.

AIR Nos 173, 125, 140, 218.

Quel bruit retentit dans les airs ?
Quelle est cette douce harmonie ?
Les anges de leurs beaux concerts
Frappent mon oreille ravie.....
O nuit, plus belle que le jour,
Où la terre au ciel s'est unie
Pour répéter le cri d'amour :
Vive Jésus ! vive Marie ! (bis.)

Paix à la terre, à qui le Ciel
Annonce un enfant tout aimable !
O prodige ! c'est l'Éternel
Qui vient naître dans une étable !
Pour un Dieu quel humble séjour !
Mais, en ce lieu, tout nous convie
A répéter le cri d'amour ;
Vive Jésus ! vive Marie ! (*bis.*)

Les bergers, quittant leurs troupeaux,
Sont accourus de leur chaumière,
Portant de modestes cadeaux
Et pour le fils et pour la mère.
L'enfant sourit à leur bonheur ;
De plaisir et d'amour ravie,
Toute la troupe chante en chœur :
Vive Jésus ! vive Marie ! (*bis.*)

Tout mon amour est à jamais
Pour cet adorable mystère :
Mon cœur ne battra désormais
Que pour le fils et pour la mère.
A tous deux je suis sans retour,
Et je ne veux quitter la vie
Qu'en redisant le cri d'amour :
Vive Jésus ! vive Marie ! (*bis.*)

30. — MÊME SUJET.

AIR N° 30.

Silence, ciel ; silence, terre,
Demeurez dans l'étonnement ;
Un Dieu, pour nous, se fait enfant :
L'amour, vainqueur en ce mystère,
  Le captive aujourd'hui,
Tandis que toute la terre,
Que toute la terre est à lui. (*bis.*)

A minuit, une Vierge mère
Produit cet astre lumineux :
Dès ce moment miraculeux,

Nous appelons Dieu notre frère ;
   Qui croirait aujourd'hui,
Hélas ! que toute la terre,
Que toute la terre est à lui ! (*bis.*)

Il a pour palais une étable,
Pour courtisans deux animaux,
Pour lit la paille et les roseaux,
Et c'est cet état lamentable
   Qu'il choisit aujourd'hui. Tandis. etc.

Quel spectacle, humaine sagesse !
La grandeur dans l'abaissement,
L'Éternel, enfant d'un moment,
Un Dieu revêtu de faiblesse,
   Souffrant et sans appui. Tandis, etc.

Venez, pasteurs, en diligence,
Adorez votre Dieu sauveur ;
Il est jaloux de votre cœur,
Il vous aime par préférence ;
   Il naît pauvre aujourd'hui. Tandis, etc.

Noel, Noel, en cette fête,
Noel, Noel avec ardeur !
Noel, Noel au Dieu sauveur !
Qui fait de nos cœurs la conquête ;
   Chantons tous aujourd'hui :
Noel par toute la terre !
Car toute la terre est à lui. (*bis.*)

31. — MÊME SUJET.

AIR Nᵒˢ 16, 64.

Le Dieu de majesté
   Veut par bonté,
   Parmi nous naître,
Dans un réduit obscur,
Par le temps le plus dur ;
Celui qui nous créa reçoit lui-même l'être.

REFRAIN.

Adorons cet Enfant,
Ce bel Enfant,
Divin Enfant,
Dans son abaissement.
Divin Enfant,
Dans son abaissement.

Le Fils de l'Eternel
Descend du ciel,
Notre Messie ;
Des oracles divers,
Semés dans l'univers,
Pour combler tous nos vœux, la promesse est remplie.
Adorons, etc.

Des Anges les transports,
Les doux accords,
Rendent hommage
Au Père désarmé
Par son Fils bien-aimé,
D'une solide paix assurent l'avantage.
Adorons, etc.

Hélas ! pour son berceau,
L'Enfant nouveau
N'a qu'une crèche ;
Ses langes et ses pleurs,
Ses soupirs, ses douleurs,
Tout ici nous confond, nous instruit et nous prêche.
Adorons, etc.

32. — MÊME SUJET.

AIR N° 32.

REFRAIN.

SEUL. Allez, pasteurs.
CHŒUR. Allons, pasteurs, que l'on s'éveille ;
Un Dieu descend dans ce séjour
Il est trop tard pour qu'on sommeille
Lorsque paraît l'astre du jour.

Maître absolu de la nature,
Le monde est l'œuvre de ses mains :
Aujourd'hui de sa créature
Il vient rétablir les destins. Allez, etc.

Pour devenir votre semblable,
Il veut naître dans un hameau.
Il prend pour palais une étable
Une crèche pour son berceau. Allez, etc.

Dans cet ineffable mystère,
Ah ! quel profond abaissement !
Le roi du ciel et de la terre
Pour nous sauver s'est fait enfant. Allez, etc.

A ce Dieu seul, honneur et gloire,
Au ciel, sur la terre et les mers ;
Les jours naissants de sa victoire
Eternisons par nos concerts Allez, etc.

Un trait de son amour extrême
Mettra le comble à ses faveurs ;
Nous le verrons mourir lui-même,
Un jour pour nous dans les douleurs .Allez, etc.

33. — MÊME SUJET.

AIR Nos 47, 186.

Dans cette étable,
Que Jésus est charmant !
Qu'il est aimable,
Dans son abaissement !
Que d'attraits à la fois !
Tous les palais des rois
N'ont rien de comparable
Aux beautés que je vois
Dans cette étable.

Que sa puissance
Paraît bien en ce jour,
Malgré l'enfance
Où le réduit l'amour !
L'esclave racheté,
Et tout l'enfer dompté,
Font voir qu'à sa naissance
Rien n'est si redouté
Que sa puissance.

Heureux mystère !
Jésus souffrant pour nous,
D'un Dieu sévère
Apaise le courroux.
Pour sauver le pécheur,
Il naît dans la douleur,
Et sa bonté de père
Éclipse sa grandeur.
Heureux mystère !

S'il est sensible,
Ce n'est qu'à nos malheurs ;
Le froid horrible
Ne cause point ses pleurs.
Après tant de bienfaits,
Que notre cœur, aux traits
D'un amour si visible
Doit céder désormais,
S'il est sensible !

Que je vous aime !
Peut-on voir vos appas,
Beauté suprême,
Et ne vous aimer pas ?
Puissant Maître des cieux,
Brûlez-moi de ces feux
Dont vous brûlez vous-même ;
Ce sont là tous mes vœux.
Que je vous aime !

34. — MÊME SUJET.

AIR N°s 34, 22.

Amour, honneur, louanges
Au Dieu Sauveur dans son berceau ;
Chantons avec les Anges
Un cantique nouveau. (*Fin.*)

Si cet enfant verse des pleurs,
C'est pour attendrir les pécheurs
Et mettre fin à nos malheurs.
Chargé de notre offense,
Il calme le courroux des Cieux !
La paix, par sa naissance,
Va régner en tous lieux. Amour, etc.

Si notre cœur est dans l'ennui,
Nous ne devons chercher qu'en lui
Et notre force et notre appui.
Loin de nous les alarmes,
Le trouble et les soucis fâcheux,
Un jour si plein de charmes
Doit combler tous nos vœux. Amour, etc.

Quand il nous voit près de périr,
Pour nous lui-même il veut souffrir
Et par sa mort vient nous guérir.
A l'ardeur qui le presse
Joignons nos généreux efforts,
Et que de sa tendresse,
Tout suive les transports. Amour, etc.

Ne craignons plus le noir séjour;
Ce Dieu qui naît pour notre amour
Nous ouvre la céleste cour :
   Le démon plein de rage
A beau frémir dans les enfers;
   De son dur esclavage
    Nous briserons les fers. Amour, etc.

Par son immense charité,
Il rend à l'homme racheté
Le droit à l'immortalité :
   Sous son heureux empire
Les biens seront toujours parfaits;
   Heureux qui ne soupire
    Qu'après ses doux attraits. Amour, etc.

35. — MÊME SUJET.
AIR N° 35.

REFRAIN.

Il est né le divin Enfant;
Jouez, hautbois, résonnez, musettes;
Il est né le divin Enfant,
Chantons tous son avénement. *(Fin.)*

Depuis plus de quatre mille ans
Nous le promettaient les prophètes,
Depuis plus de quatre mille ans
Nous attendions cet heureux temps. Il est né, etc.

Ah! qu'il est beau, qu'il est charmant!
Ah! que ses grâces sont parfaites!
Ah! qu'il est beau, qu'il est charmant!
Qu'il est doux ce divin enfant! Il est né, etc.

Une étable est son logement,
Un peu de paille est sa couchette.
Une étable est son logement;
Pour un Dieu quel abaissement! Il est né, etc.

Il veut nos cœurs, il les attend,
Il vient en faire la conquête;

Il veut nos cœurs, il les attend
Qu'ils soient à lui dès ce moment. Il est né, etc.

Partez, ô rois de l'Orient !
Venez vous unir à nos fêtes ;
Partez, ô rois de l'Orient !
Venez adorer cet Enfant. Il est né, etc.

O Jésus ! ô Roi tout puissant !
Tout petit enfant que vous êtes,
O Jésus ! ô Roi tout puissant !
Régnez sur nous entièrement. Il est né, etc.

36. — MÊME SUJET,
AIR N° 36.

REFRAIN.

Bergers, par les plus doux accords,
D'un Dieu célébrez la naissance ;
Bergers, par les plus doux accords,
Faites éclater vos transports. (*bis*.)

Sous l'humble voile de l'enfance
Ce Dieu cache sa majesté ;
Pour ne songer qu'à sa bonté,
Il semble oublier sa puissance. Bergers, etc.

L'aimable et tranquille innocence
De son pouvoir est l'heureux fruit ;
L'enfer se tait, le crime fuit,
La paix renaît à sa présence. Bergers, etc.

Né dans le sein de l'indigence,
Du pauvre il veut être l'appui ;
Bergers, sur les rois aujourd'hui
Il vous donne la préférence. Bergers, etc.

Il créa le ciel et la terre,
Et son palais est un hameau ;
Une humble crèche est le berceau
Du Dieu qui lance le tonnerre. Bergers, etc.

Volez des voûtes éternelles,
Anges qu'embrase son amour,

Volez vers son obscur séjour,
Venez le couvrir de vos ailes. Bergers, etc.

Pour nous sa tendresse est extrême,
Sa bonté doit nous enflammer :
Puisque Dieu daigne nous aimer,
Sans doute il mérite qu'on l'aime. Bergers, etc.

Dimanche dans l'Octave.

37.—Chants d'amour à la naissance de Jésus.

AIR Nos 37, 150.

Il est né le Rédempteur !
Livrons nos cœurs à l'allégresse :
Il est né le Rédempteur !
Chantons, chantons notre bonheur. (*Fin.*)
    Transportés d'ivresse,
    Emus de tendresse,
    Transportés d'ivresse,
    Louons le Seigneur,
Et qu'à l'envi tout s'empresse
A bénir le Dieu sauveur. Il est né, etc.

Ah ! quel prodige d'amour
Dans un Dieu pour sa créature !
Ah ! quel prodige d'amour !
Et qu'il exige de retour !
    Humaine nature,
    Riche sans mesure,
    Humaine nature,
    Pourras-tu jamais,
Par une offrande assez pure,
Reconnaître ses bienfaits ? Il est né, etc.

Ce Sauveur brise nos fers,
De nos maux il ferme l'abîme !
Ce Sauveur brise nos fers,
Et nous arrache des enfers.

Il se rend victime,
Pour bannir le crime;
Il se rend victime,
Il souffre pour nous.
Quel exemple!.... il nous anime
A suivre un maître si doux.   Il est né, etc.

36. — Joie que nous procure Jésus naissant.

AIR Nᵒˢ 38, 44, 251.

Quel bonheur inestimable!
L'Éternel, le Tout-Puissant,
Par un prodige admirable,
Vient pour nous se faire enfant.

CHOEUR.

Jour heureux! jour favorable!
Ah! que notre sort est doux!
Gloire à ce Sauveur aimable
Qui vient de naître pour nous.

Que partout l'air retentisse
De nos chants en ce saint jour;
Que toute langue bénisse
Ce Sauveur si plein d'amour.   Jour, etc.

Du haut du trône suprême
Qu'il occupe dans les cieux,
Pour montrer comme il nous aime,
Il descend en ces bas lieux.   Jour, etc.

Accourons tous à la crèche,
Pour y contempler Jésus;
Sans parler il nous y prêche
Les plus aimables vertus.   Jour, etc.

Mais qui pourra reconnaître
Les bienfaits du Dieu sauveur?
Pour l'aimer comme il doit l'être,
Aurons-nous assez d'un cœur.   Jour, etc.

Circoncision
39. — La divine Enfance.
AIR Nos 39, 78.

O divine enfance
De mon doux Sauveur !
Aimable innocence,
Tu ravis mon cœur.
Que dans sa faiblesse
Il paraît puissant !
Ah ! plus il s'abaisse,
Et plus il est grand.

O divine, etc.

Descendez, saints Anges,
Venez en ces lieux ;
Voyez dans ces langes
Le Maître des cieux.
Qu'elles ont de charmes
Aux yeux de ma foi,
Ces premières larmes
Qu'il verse pour moi !

O divine, etc.

Eloquent silence,
Comme tu m'instruis !
Sainte obéissance,
Je t'aime et te suis.
Rebelle nature,
En vain tu gémis ;
A sa créature
Vois ton Dieu soumis.

O divine, etc.

Celui qui terrasse
Orgueil et grandeur,
A promis sa grâce
Aux humbles de cœur.
Les secrets qu'il cèle
Aux brillants esprits,
Jésus les révèle
Toujours aux petits.

O divine, etc.

Sagesse mondaine,
Connais ton erreur ;
Mets ta fierté vaine
Aux pieds du Sauveur.
Quand il veut lui-même
Devenir enfant,
Quel orgueil extrême
De s'estimer grand !

O divine, etc.

Charmes de l'enfance,
Ingénuité,
Candeur, innocence,
Et simplicité,
O vertus si chères
Au divin Sauveur,
Vertus salutaires,
Régnez dans mon cœur.

O divine, etc.

40. — MÊME SUJET.
AIR N° 40.

O vous dont les tendres ans
Croissent encore innocents,

Pour sauver à votre enfance
Le trésor de l'innocence,
Contemplez l'Enfant Jésus,
Et prenez-en les vertus.

Une étable est le séjour
Où Jésus reçoit le jour ;
Sous ses langes, de sa crèche,
Sa divine voix nous prêche
Que l'indigence, à ses yeux,
Est un riche don des cieux.

Pourquoi ce froid, ces douleurs,
Ces yeux qui s'ouvrent aux pleurs,
Ce sang qu'il daigne répandre ?
N'est-ce point pour nous apprendre
Qu'il faut haïr le plaisir,
Et pour lui vivre et souffrir ?

Il est à peine naissant
Qu'il se montre obéissant :
Trente ans, dans un vil asile,
L'ont vu fidèle et docile,
Exact, obéir toujours
Aux saints gardiens de ses jours.

Esprits vains, cœurs indomptés,
Captivez vos volontés ;
Quand on voit Jésus lui-même,
Jésus, la grandeur suprême,
S'abaisser, s'anéantir,
Peut-on ne pas obéir ?

Qu'il est beau de voir ces mains
Qui formèrent les humains,
Se prêter aux œuvres viles,
Aux travaux les plus serviles.
Et rendre à jamais pour nous
Tout travail louable et doux !

Tout m'instruit dans l'Enfant-Dieu,
Son respect pour le saint lieu,
Son air modeste, humble, affable,
Sa douceur inaltérable,

Son zèle, sa charité,
Sa clémence, sa bonté.

Jésus croît, et plus ses ans
Hâtent leur accroissement,
Plus l'adorable sagesse
Qui réside en lui sans cesse,
Dévoile aux yeux des humains
L'éclat de ses traits divins.

Dimanche après la Circoncision.

41. — Gloire à Jésus Enfant.

AIR N° 41.

Le Fils du roi de gloire
Est descendu des cieux ;
Que nos chants de victoire
Résonnent dans ces lieux !
Il dompte les enfers,
Il calme nos alarmes,
Il tire l'univers
  Des fers,
 Et pour jamais
 Lui rend la paix ;
Ne versons plus de larmes.

L'amour seul l'a fait naître
Pour le salut de tous :
Il fait par là connaître
Ce qu'il attend de nous.
Un cœur brûlant d'amour
Est le plus bel hommage ;
Faisons-lui tour à tour
  La cour ;
 Dès aujourd'hui
 N'aimons que lui ;
Qu'il soit notre partage.

Vains honneurs de la terre,
Je veux vous oublier ;
Le maître du tonnerre
Vient de s'humilier.
De vos trompeurs appas
Je saurai me défendre.
Allez, n'arrêtez pas
  Mes pas :
 Monde flatteur,
 Monde enchanteur,
Je ne veux plus t'entendre.

Régnez seul en mon âme,
O mon divin époux !
N'y souffrez point de flamme
Qui ne s'adresse à vous.
Que voit-on dans ces lieux,
Que misère et bassesse !
Je ne porte mes yeux
  Qu'aux cieux.
 A votre loi,
 Céleste roi,
J'obéirai sans cesse.

42. — Saint Nom de Jésus.

AIR N°s 42, 108.

Jésus ! que ce nom a de charmes !
Qu'il m'est doux de le prononcer !
Je le dis, et de douces larmes
De mes yeux je sens s'échapper.
CHŒUR. Nom vénérable,
    Nom adorable,
Que tu présentes de douceurs !
    Nom ineffable,
    Nom tout aimable,
Sois toujours gravé dans mon cœur. *(bis.)*

Du saint amour aimable flamme,
Quand pénétreras-tu mon cœur ?
Et quand, au milieu de mon âme,
Dieu régnera-t-il en vainqueur ?
CHŒUR. Que je soupire !
    Que je désire !
Pour qui sont mes soupirs, mes vœux ?
    A toi j'aspire ;
    L'amour m'attire.
Oh Jésus ! rends-moi donc heureux. *(bis.)*

Ancienne, mais toujours nouvelle,
Ancienne et nouvelle beauté ;
Jésus, je te fus infidèle,
Je fuyais ma félicité !
CHŒUR. Mais dès qu'on t'aime,
    Beauté suprême,
Pourquoi t'ai-je si tard aimé !
    Mon Dieu, qui t'aime
    Te dit de même :
Que ne suis-je en toi transformé ! *(bis.)*

Epiphanie.

43. — Adoration des Mages.

AIR N° 149.

Les temps sont accomplis. Que la terre s'éveille !
Voici qu'au firmament brille une étoile d'or !
O nations, levez-vous; contemplez la merveille.
A la voix du Très-Haut, peuples, prêtez l'oreille.
    Vers Israel, oh ! prenez votre essor !   (4 *fois.*)

Assez et trop longtemps dans les liens du crime
Vos jours se sont passés sans gloire et sans bonheur.
Brisez, brisez le joug de l'ange de l'abîme.
C'est trop avoir été sa timide victime.
    En Israel apparaît un Sauveur.   (4 *fois.*)

O vous qui, du sommet de la tour solitaire,
Mesurez tous les soirs les feux du firmament,
L'avez-vous aperçu cet astre tutélaire
Qui répand sur l'azur sa clarté salutaire,
    Et brille au ciel d'un éclat ravissant ?   (4 *fois.*)

Elle vous guidera jusqu'à la pauvre étable
Où naquit sur le foin le divin Rédempteur ;
Où son amour pour nous, de Monarque adorable,
N'en fait plus qu'un enfant modeste et tout aimable,
    Mais comme nous soumis à la douleur. (4 *fois.*)

Venez, adorez-le sur cette paille humide.
Répandez vos trésors au pied de son berceau !
C'est lui qui fit le ciel si riche et si splendide ;
Il n'a pour son palais qu'une caverne vide,
    Lui qui siégeait sur un trône si beau.   (4 *fois.*)

44. — MÊME SUJET.

AIR N°s 44, 38, 251.

Suivons les rois dans l'étable
Où l'étoile les conduit ;
Que vois-je ? Un enfant aimable
De sa crèche les instruit.

CHŒUR.

O ciel! quels traits de lumière
Frappent mes yeux et mon cœur!
Dans le sein de la misère,
Que d'éclat et de grandeur!

Oui, c'est le Dieu du tonnerre :
Venez fléchir les genoux ;
Adorez, rois de la terre,
Un roi plus puissant que vous.   O ciel, etc.

Suivez l'exemple des mages ;
D'un cœur pur les sentiments
Sont de plus dignes hommages
Que l'or, la myrrhe et l'encens.   O ciel, etc.

Il ne doit point leur hommage
A l'éclat d'un vain dehors :
L'indigence est son partage,
Ses vertus sont ses trésors.   O ciel, etc.

Sa splendeur, ni sa couronne,
Pour les yeux n'ont point d'attraits ;
Une crèche fait son trône,
Une étable est son palais.   O ciel, etc.

O réduit pauvre et champêtre!
Dans ton paisible séjour
L'univers offre à son Maître
Le tribut de son amour.   O ciel, etc.

Quand la grâce nous appelle,
Gardons-nous de résister ;
Suivons ce guide fidèle ;
Quittons tout sans hésiter.   O ciel, etc.

Dimanche dans l'Octave.

45. — Amour de Jésus.

AIR Nos 45, 63.

Jésus ! ô mon Sauveur,
　Mon Créateur,
　Source de mon être ;
Jésus ! ô mon Sauveur,
　Toi, de mon cœur
　L'unique bonheur !
　　En ce jour,
　Puis-je méconnaître
　　Que l'amour
　Sur moi règne en maître ?
Jésus, aimable Roi,
　Détruis en moi
　Ce qui n'est pas toi.

Jésus, ton tendre amour
　Fait, nuit et jour,
　Ma douce allégresse :
Jésus, ton tendre amour
　Fait, nuit et jour,
　En moi son séjour ;
　　Tous mes sens
　Nagent dans l'ivresse ;
　　Et je sens
　Ta main qui me presse ;
Jésus, ta sainte ardeur
　Verse en mon cœur
　Des flots de bonheur.

Amour de mon Jésus,
　Plus de refus ;
　Je te rends les armes ;
Amour de mon Jésus,
　Plus de refus,
　Mes sens sont vaincus.
　　Les soupirs,

Les brûlantes larmes,
　　Des plaisirs
　Détruisent les charmes.
Amour, tes divins feux
　Sont-ils aux cieux
　Plus délicieux ?

Jésus, tout mon espoir
　Est de te voir
　Au céleste empire.
Jésus, tout mon espoir
　Est de te voir
　Au beau jour sans soir.
　　Non, l'attrait
　D'un monde en délire
　　Ne saurait
　En mon cœur détruire,
Jésus, le doux plaisir,
　L'ardent désir,
　Pour toi de souffrir.

Seigneur, Roi des vertus,
　Pain des élus,
　Sois ma nourriture ;
Seigneur, Roi des vertus,
　Pain des élus,
　Que veux-je de plus ?
　　Si jamais,
　Ingrat et parjure,
　　J'oubliais
　Ta loi sainte et pure,
Seigneur, que le remord
　Rende mon sort
　Pire que la mort.

Ou Dans cette étable, *page* 25.

Octave de l'Epiphanie.

46. — Saint nom de Jésus.

AIR N° 46.

Vive Jésus! c'est le cri de mon âme.
Vive Jésus, le Maître des vertus!
Aimable nom, quand ma voix te proclame,
D'un nouveau feu pour toi mon cœur s'enflamme:
    Vive Jésus! (*bis.*)

Vive Jésus! C'est le cri qui rallie
Sous ses drapeaux le peuple des Elus.
Suivre Jésus, c'est aussi mon envie;
Suivre Jésus, c'est mon bien, c'est ma vie:
    Vive Jésus! (*bis.*)

Vive Jésus! Ce cri-là me console,
Lorsque de moi le monde ne veut plus.
Adieu, lui dis-je, adieu, monde frivole;
Bien insensé qui pour toi se désole!
    Vive Jésus! (*bis.*)

Vive Jésus! C'est un cri d'espérance
Pour les pécheurs repentants et confus;
Sur eux du Ciel attirant la clémence,
Ce nom sacré soutient leur pénitence:
    Vive Jésus! (*bis.*)

Vive Jésus! A ce cri de vaillance,
Je verrai fuir les démons éperdus.
Un mot suffit pour dompter leur puissance,
Pour terrasser leur superbe insolence:
    Vive Jésus! (*bis.*)

Vive Jésus! Cri de reconnaissance
D'un cœur touché des biens qu'il a reçus.
L'enfer veut-il troubler sa confiance,
Il chante encore avec plus d'assurance:
    Vive Jésus! (*bis.*)

Vive Jésus ! C'est le cri de victoire
Qui retentit au séjour des Elus.
De leurs combats consacrant la mémoire,
Ce nom puissant éternise leur gloire :
   Vive Jésus ! (*bis.*)

Vive Jésus ! Vive sa tendre Mère !
Elle est aussi la Mère des Elus.
Si nous voulons et l'aimer et lui plaire,
Chantons Jésus, notre Dieu, notre Frère :
   Vive Jésus ! (*bis.*)

Vive Jésus ! Qu'en tout lieu la victoire
Mette à ses pieds les méchants confondus !
O nom sacré, nom cher à ma mémoire,
Puissé-je vivre et mourir pour ta gloire !
   Vive Jésus ! (*bis.*)   P. LORIQUET.

2e Dimanche après l'Epiphanie.
47. — Enfance de Jésus.
AIR N°s 47, 186.

Chantons l'enfance
De notre doux Sauveur,
  Son innocence,
Son aimable candeur :
Que d'autres du Seigneur
Célèbrent la grandeur,
Qu'ils chantent sa puissance ;
Nous, enfants, du Sauveur
  Chantons l'enfance.

  Dans une étable,
Le Fils de l'Eternel,
  Pour le coupable
Est né pauvre et mortel :
Pour moi, pour un pécheur,
Gémit un Dieu Sauveur ;
O mystère ineffable !
Mon Roi, mon Créateur
  Dans une étable !

  Près de sa crèche,
O mon cœur ! instruis-toi :
  C'est moi qui pèche ;
Un Dieu souffre pour moi !
Je cherchais les douceurs ;
Jésus est dans les pleurs !
Ah ! j'entends ce qu'il prêche !
J'abjure mes erreurs
  Près de sa crèche.

  Enfant docile,
Soumis à ses parents,
  Leur humble asile
Près d'eux le voit longtemps ;
Par des travaux constants,
Dès ses plus tendres ans,
Dans un métier servile
Il aide ses parents,
  Enfant docile !

Chaste innocence,
Humilité, douceur,
Obéissance,
Vertus de mon Sauveur :
Ah ! que puisse mon cœur
Exhaler votre odeur !
Mais toi, de préférence,
Conserve en moi ta fleur,
Chaste innocence.

Que votre exemple
M'enflamme, ô mon Jésus !
Quand je contemple
En vous tant de vertus,
Le monde désormais
N'a plus pour moi d'attraits ;
Je jure, en ce saint temple,
De ne suivre jamais
Que votre exemple.

DE BORDERIE.

Ou Il est né le Rédempteur, *page* 29.

3ᵉ Dimanche après l'Épiphanie.

48. — Joie et ferveur du Chrétien.

AIR Nº 48.

Pleins de ferveur,
Brûlons sans cesse,
Pleins de ferveur,
Pour le Seigneur.
} bis.

A n'aimer que lui tout nous presse,
Lui seul mérite notre cœur. Pleins, etc.

Lui seul est grand,
Seul adorable ;
Lui seul est grand,
Saint, tout puissant.
} bis.

Ah ! qu'il est beau, qu'il est aimable !
En lui que tout est ravissant ! Lui seul, etc.

Plein de bonté
Pour un coupable,
Plein de bonté,
De charité.
} bis.

Ce Dieu, dans son sang adorable,
A lavé mon iniquité, Plein, etc.

Ce n'est qu'à vous
Que je veux être,
Ce n'est qu'à vous,
O Dieu si doux ! } bis.

Possédez seul, aimable Maître,
Un cœur dont vous êtes jaloux. Ce n'est, etc.

C'est mon désir,
Dieu de mon âme,
C'est mon désir
De vous servir. } bis.

De plus en plus que je m'enflamme,
Que d'amour je puisse mourir. C'est, etc.

Ou Le Dieu de majesté, *page 23.*

4e Dimanche après l'Epiphanie.

49. — Invitation à revenir à Dieu.

AIR N° 103.

Enfants de Dieu, d'un Dieu chère conquête,
Qu'il acheta de son sang précieux,
Qu'avez-vous fait de cette paix parfaite,
De son amour gage délicieux ?

CHOEUR.

Pécheur, Dieu nous appelle ;
A cette voix fidèle
Jetons-nous tous dans ses bras paternels :
La paix se trouve au pied de ses autels.   (*bis.*)

Tu l'as perdu ce divin caractère
D'enfant chéri de cet auguste Roi !
Tu l'as souillé le tendre nom de frère
De ce Jésus qui s'immola pour toi.   Pécheur, etc.

Reviens enfin à ce Seigneur aimable,
Reviens, pour toi son cœur n'est point lassé ;
De t'accorder un pardon ineffable,
Le croirais-tu ? son cœur même est pressé. Pécheur, etc.

Enfant prodigue, hélas! de tant de grâces,
Ton tendre père a pleuré ton trépas;
Tu reparais... il accourt! tu l'embrasses...
De tes erreurs il ne se souvient pas.   Pécheur, etc.

Voici, pécheur, voici l'heure propice
Où de ton Dieu veut triompher l'amour :
Oui, cet amour a vaincu la justice;
Il l'a pour toi désarmée en ce jour.   Pécheur, etc.

50. — Consécration à Jésus.

AIR N° 50.

Jésus charme ma solitude,
Jésus occupe mes désirs :
Mon cœur exempt d'inquiétude
Trouve en lui seul tous les plaisirs.

REFRAIN.

Si dans mon ivresse,
Dieu d'amour, je vous méconnus,
Désormais je dirai sans cesse :
Vive Jésus! vive Jésus!   (bis.)

Qu'un cœur dont Jésus est le maître
Sent de douceur à le servir!
Comment un chrétien peut-il être
Ou sans l'aimer, ou sans mourir?   Si dans, etc.

Eh! quand donc aurai-je en partage
D'être constant dans votre amour?
Faut-il que mon cœur trop volage
Vous puisse aimer à peine un jour?   Si dans, etc.

Jésus, notre Sauveur, nous aime,
Aimons-le donc à notre tour;
Sa bonté pour nous est extrême,
Seul il mérite notre amour.   Si dans, etc.

Tout lieu, tout âge est favorable,
Jésus peut toujours nous charmer.
Ah! puisqu'il est toujours aimable,
Ne cessons jamais de l'aimer.   Si dans, etc.

5ᵉ Dimanche après l'Epiphanie.

51. — Aveux du Pécheur converti.

AIR Nᵒˢ 51, 240.

Un fantôme brillant séduisit ma jeunesse;
Sous le nom de plaisir il égara mes pas.
Insensé que j'étais! je n'apercevais pas
L'abime que des fleurs cachaient à ma faiblesse.

CHOEUR.

Mais enfin, revenu de mes égarements,
Remettant mon salut à la bonté chérie,
O mon Dieu, mon soutien, après mille tourments,
Quand je reviens à toi (*bis*), je reviens à la vie. (*ter*)

Faux plaisirs où je crus ne trouver que des charmes,
Ivresse de mes sens, trompeuse volupté,
Hélas! en vous cherchant, que vous m'avez coûté
De craintes, de douleurs, de regrets et de larmes!
Mais enfin, etc.

Vous qui, par tant de soins, souteniez mon enfance,
O mon père! ô ma mère! à combien de douleurs
Ma jeunesse indocile a dû livrer vos cœurs,
En provoquant du Ciel la trop juste vengeance?
Mais enfin, etc.

Pardonnez, pardonnez à votre enfant coupable;
Hélas! cent fois puni d'oublier vos leçons,
Même au sein des plaisirs, par des remords profonds
Il expiait déjà son crime détestable.
Mais enfin, etc.

Oui, mon Dieu, c'en est fait, touché de ta clémence,
J'abjure dès ce jour le monde et ses appas.
Nouvel enfant prodigue, accueilli dans tes bras,
Je retrouve à la fois la paix et l'innocence.

Pour jamais revenu de mes égarements,
Je remets mon salut, etc.

52. — Aveux d'un Réprouvé.

AIR N° 21.

Tremblez, habitants de la terre,
Tremblez, les enfers vont s'ouvrir.
Le Ciel, dans son courroux fait gronder le tonnerre,
Heureux qui sait prévoir l'effroyable avenir.

Tremblez, etc.

Mon cœur, aveuglé par le crime,
Se jouait de l'éternité ;
Mais, ô fatale erreur ! dans un affreux abîme,
Au moment du trépas, je fus précipité.

Mon cœur, etc.

Venez, trop aveugle jeunesse,
Venez vous instruire aux tombeaux :
Vous connaîtrez enfin le prix de la sagesse,
Lorsque vous entendrez le récit de mes maux.

Venez, etc.

Dans cet océan de souffrances,
Comment raconter mes malheurs ?
Percé par mille traits des célestes vengeances,
Victime de l'enfer, en proie à ses horreurs.

Dans cet océan, etc.

Du sein de ce lieu de ténèbres
S'élève une noire vapeur ;
Les abîmes, couverts de ces voiles funèbres,
Ne sont plus qu'un séjour d'épouvante et d'horreur.

Du sein, etc.

Adieu, paradis de délices !
Beau ciel ! ô cité des élus !
J'étais créé pour vous, et d'éternels supplices
Sont devenus ma part : je suis mort sans vertus.

Adieu, etc.

6ᵉ Dimanche après l'Épiphanie.

53. — Bonheur de l'Enfance pieuse.

AIR Nᵒˢ 53, 89, 167.

REFRAIN.

Heureux qui, dès son enfance,
Soumis aux lois du Seigneur,
N'a pas avec l'innocence,
Perdu la paix de son cœur. *(bis.)*

Chéri de celui qu'il adore,
Son bonheur le suit en tout lieu :
Que peut-il désirer encore,
Quand il se voit l'ami d'un Dieu ? *(bis.)*
   Heureux, etc.

En vain la fortune couronne
Du pécheur les moindres désirs ;
Le remords cruel empoisonne
Les plus vantés de ses plaisirs. *(bis.)*
   Heureux, etc.

Le monde étale sa richesse ;
Mais ses biens ne m'ont point tenté !
J'ai le trésor de la sagesse
Dans le sein de la pauvreté. *(bis.)*
   Heureux, etc.

La croix où mon Jésus expire
Change mes peines en douceurs :
Si quelquefois mon cœur soupire,
C'est que je songe à ses douleurs. *(bis.)*
   Heureux, etc.

Mon Dieu, que je meure sans crainte,
Espérant, des bras de la mort,
Voler vers ta demeure sainte,
Et chanter dans un doux transport. *(bis.)*
   Heureux, etc.

Ou A servir le Seigneur, *page* 2.

Septuagésime.

54. — Importance du Salut.

AIR N°s 54, 26, 138, 202.

Travaillez à votre salut ;
Quand on le veut, il est facile :
Chrétiens, n'ayez point d'autre but ;
Sans lui tout devient inutile. (*bis.*)

CHOEUR.

Sans le salut (*bis*), pensez-y bien,
Tout ne vous servira de rien. (*bis.*)

Oh ! que l'on perd en le perdant !
On perd le céleste héritage ;
Au lieu d'un bonheur si charmant,
On a l'enfer pour son partage. (*bis.*)
Sans le salut, etc.

Que sert de gagner l'univers,
Dit Jésus, si l'on perd son âme,
Et s'il faut au fond des enfers
Brûler dans l'éternelle flamme ? (*bis.*)
Sans le salut, etc.

Rien n'est digne d'empressement,
Si ce n'est la vie éternelle ;
Tout le reste est amusement,
Tout n'est que pure bagatelle. (*bis.*)
Sans le salut, etc.

C'est pour toute une éternité
Qu'on est heureux ou misérable :
Que devant cette vérité
Tout ce qui passe est méprisable. (*bis.*)
Sans le salut, etc.

Grand Dieu, que tant que nous vivrons
Cette vérité nous pénètre !
Ah ! faites que nous nous sauvions
A quelque prix que ce puisse être. (*bis.*)
Sans le salut, etc.

55. — Adieux aux Plaisirs du monde.

AIR 55.

Faux plaisirs, vains honneurs, biens frivoles,
Aujourd'hui recevez nos adieux ;
Trop longtemps vous fûtes nos idoles,
Trop longtemps vous charmâtes nos yeux.

REFRAIN.

Faux plaisirs, vains honneurs, biens frivoles,
Aujourd'hui, recevez nos adieux.

Loin de nous la fatale espérance
De trouver en vous notre bonheur :
Avec vous, heureux en apparence,
Nous portons le chagrin dans le cœur.   Faux, etc.

Enchantés d'une gloire plus belle,
C'est au Ciel que tendent nos désirs ;
Dans les cieux, toujours fête nouvelle ;
Avec Dieu, toujours nouveaux plaisirs.   Faux, etc.

Enivrés des douceurs ineffables,
On jouit de la Divinité ;
On bénit ses bontés adorables,
On partage sa félicité.   Faux, etc.

Transportés d'une divine flamme,
Plus on aime et plus on veut aimer ;
On contemple, on admire, on se pâme,
On se plait à se voir consumer.   Faux, etc.

Beau séjour des clartés immortelles,
Montrez-vous, contentez nos souhaits :
Ici-bas, nos peines sont réelles,
Les plaisirs n'ont que de vains attraits.   Faux, etc.

Sexagésime.

56. — De la Science du Salut.

AIR Nos 23, 96, 105, 116, 120, 161, 168, 238.

Le temps s'échappe comme un songe ;
Chacun de nos jours est compté,
Et l'homme, ardent pour le mensonge,
Se lasse à fuir la vérité.

REFRAIN

Science, trompeuse lumière,
Non, vous ne m'éblouirez plus;
Fuyez, fuyez, la foi m'éclaire;
Je ne veux savoir que Jésus. (*bis.*)

L'insensé dans ses longues veilles,
Seigneur, a mesuré les cieux :
Hélas! un monde de merveilles
Ne te montre point à ses yeux. Science, etc.

Pour une gloire fugitive,
Du ciel il détache son cœur;
Mais tout à coup la mort arrive,
Il s'éveille et voit son erreur. Science, etc.

En vain la louange l'honore :
Sa poussière ne l'entend pas;
Et dans l'enfer qui le dévore,
Qui peut le soustraire à ton bras? Science, etc.

57. — Soupirs vers le Ciel.

AIR Nos 1, 17, 65, 119, 184, 189, 194, 248.

Ce bas séjour n'est qu'un pélerinage;
Cherchons, mon âme, un bonheur permanent,
Ne fixons point en ce triste passage
Un cœur qu'un Dieu peut seul rendre content. (*bis.*)

Loin du tumulte, en cette solitude,
Goûtons en paix les délices des cieux;
Que Jésus seul soit toute notre étude;
Que Jésus seul soit l'objet de nos vœux. (*bis.*)

Si vous voyez celui que mon cœur aime,
Ah! dites-lui que je languis d'amour,
Que de le voir mon désir est extrême;
Mon doux Jésus, quand viendra ce grand jour? (*bis.*)

On m'entendra, comme la tourterelle,
Toujours gémir dans mon bannissement,
Toujours me plaindre et soupirer comme elle,
Si je ne vois Jésus, mon cher amant. (*bis.*)

Heureuse mort qui dois briser mes chaînes,
Me délivrer de ma captivité !
Quand viendras-tu m'affranchir de mes peines ?
Quand vous verrai-je, éternelle beauté ?   (*bis.*)

Ah ! pour vous voir permettez que je meure ;
Divin Jésus, c'est trop longtemps souffrir ;
Je ne vis plus, je languis à toute heure,
Et je me meurs de ne pouvoir mourir.   (*bis.*)

Quinquagésime.

58. — Regrets d'une Ame Pénitente.

AIR N° 58.

Grâce, grâce, Seigneur, arrête tes vengeances,
Et détourne un moment tes regards irrités.
J'ai péché, mais je pleure ; oppose à mes offenses,
Oppose à leur grandeur celle de tes bontés.   (*bis.*)

Je sais tous mes forfaits, j'en connais l'étendue ;
En tous lieux, à toute heure ils parlent contre moi ;
Par tant d'accusateurs mon âme confondue
Ne prétend pas contre eux disputer devant toi.   (*bis.*)

De tant d'iniquités la foule m'environne ;
Fils ingrat, cœur perfide, en proie à mes remords,
La terreur me saisit, je tremble, je frissonne ;
Pâle et les yeux éteints, je descends chez les morts.   (*bis.*)

Ma voix sort du tombeau ; c'est du fond de l'abîme
Que j'élève vers toi mes lugubres accents :
Fais monter jusqu'au pied de ton trône sublime
Cette mourante voix et ces cris languissants.   (*bis.*)

O mon Dieu, quoi, ce nom, je le prononce encore !
Non, non, je t'ai perdu, j'ai cessé de t'aimer.
O toi qu'en frémissant je supplie et j'adore,
Grand Dieu ! d'un nom si doux, puis-je oser te nommer ! (*bis.*)

Dans les gémissements, l'amertume et les larmes,
Je rappelle des jours passés dans les plaisirs ;
Et voilà tous les fruits de ces jours pleins de charmes :
Un souvenir affreux, la honte et les soupirs.   (*bis.*)

Ces soupirs devant toi sont ma seule défense;
Un coupable, par eux, ne peut-il t'attendrir?
N'as-tu pas un trésor de grâce et de clémence?
Dieu de miséricorde, il est temps de l'ouvrir. (bis.)

Où fuir, où me cacher, tremblante créature,
Si tu viens en courroux pour compter avec moi?
Que dis-je? Être infini, ta grandeur me rassure;
Trop heureux de n'avoir à compter qu'avec toi. (bis.)

Jamais de toi, grand Dieu, tu nous l'as dit toi-même,
Un cœur humble et contrit ne sera méprisé.
Voilà le mien; regarde et reconnais qu'il t'aime:
Il est digne de toi, la douleur l'a brisé. (bis.

Coupe, brûle ce corps, prends pitié de mon âme;
Frappe, fais-moi payer tout ce que je te dois:
Arme-toi, dans le temps, du fer et de la flamme;
Mais dans l'éternité, Seigneur, épargne-moi. (bis.)

De la main de ton Fils, j'accepte le calice;
Mais je frémis, je sens ma main prête à trembler!
De ce trouble honteux mon cœur est-il complice?
Je suis le criminel, voudrais-je reculer? (bis.)

C'est ton Fils qui le tient; que ma foi se rallume:
Il a bu le premier, je ne puis en douter;
Que dis-je? il en a bu la plus grande amertume;
Il m'en laisse le reste, et je n'ose y goûter! (bis.)

L. RACINE.

Prières des Quarante Heures.

59. — De l'Ingratitude envers J.-C.

AIR Nᵒˢ 59, 38, 44, 69.

Jésus est la bonté même,
Il a mille doux appas:
Cependant aucun ne l'aime,
On n'y pense presque pas:
Pendant que la créature
Nous embrase de ses feux,
Pour Dieu seul notre âme est dure.
Ah! pleurez, pleurez, mes yeux. (bis.)

De la divine justice
Jésus porte tout le poids;
Il nous sauve du supplice
En mourant sur une croix:
Et pour tant de bienveillance
Avons-nous, ô malheureux,
La moindre reconnaissance!
Ah! pleurez, pleurez, mes yeux!　　(bis.)

Jésus dans l'Eucharistie,
Par un prodige d'amour,
Devient notre pain de vie,
Notre pain de chaque jour;
Au milieu de tant de flammes,
Dans ce mystère amoureux,
Que de froideur dans nos âmes!
Ah! pleurez, pleurez, mes yeux!　　(bis.)

Il daigne en vain de ce trône
Nuit et jour nous inviter.
Jamais il n'y voit personne
Qui vienne le visiter;
Sa maison est délaissée,
Son entretien ennuyeux,
Et sa table méprisée.
Ah! pleurez, pleurez, mes yeux.　　(bis.)

Mon Jésus n'a point d'asile
Contre les coups des mortels;
C'est un rempart inutile
Que son trône et ses autels;
Chaque jour, rempli de rage,
Le pécheur audacieux,
Au lieu saint, lui fait outrage.
Ah! pleurez, pleurez, mes yeux.　　(bis.)

Une croix pour lui cruelle,
C'est un cœur dans le péché;
A cette croix criminelle
Qu'on l'a souvent attaché!
Tout est souillé par nos vices.
Que je découvre en tous lieux
Pour mon Jésus de supplices!
Ah! pleurez, pleurez, mes yeux.　　(bis.)

60. — Délaissement de Jésus.

AIR N° 60.

Peuple infidèle,
Quoi ! vous me trahissez !
Je vous appelle,
Et vous me délaissez.
Si je suis votre père,
Cessez de me déplaire :
 Enfants ingrats,
Revenez dans mes bras.

Mon cœur soupire
Et la nuit et le jour :
 Il ne désire
Qu'un mouvement d'amour.
Hélas ! pour une idole !
On se livre, on s'immole,
 Et pour Jésus
On n'a que des refus.

En vain mes charmes
S'offrent à mes enfants ;
En vain mes larmes
S'écoulent par torrents :
Dédaignant ma tendresse,
Ils m'outragent sans cesse ;
 Avec transport
Ils courent à la mort.

Que puis-je faire
Pour attendrir vos cœurs ?
 J'ai du Calvaire
Epuisé les douleurs ;
J'ai fermé les abîmes
Qu'avaient ouverts vos crimes ;
 Et vous, ingrats,
Vous fuyez de mes bras.

Quel sacrifice
Exigez-vous encor ?
 Que je subisse
Une nouvelle mort ?
J'y vole, je l'appelle :
Viens, frappe, mort cruelle !
 Mais, dans mes bras
Ramène ces ingrats.

Leurs mains impures
Renouvellent mes maux ;
 De mes blessures
Le sang coule à grands flots :
Mon Père m'abandonne,
Le trépas m'environne ;
 Je meurs !... Ingrats,
Jetez-vous dans mes bras.

L'abbé B.

61. — Egarement des Mondains.

AIR N° 61.

REFRAIN.

D'un monde perfide et trompeur,
Eloignez-vous, chère jeunesse ;
S'il vous flatte, s'il vous caresse,
C'est pour séduire votre cœur.

Jeunesse sans expérience,
Que je plains ton fragile cœur ;
Aux charmes d'un monde trompeur,
Il se livre sans défiance.   D'un monde, etc.

Du devoir l'importune chaine
En vain s'oppose à tes désirs;
Sensible à l'attrait du plaisir,
Tu cède au penchant qui t'entraine. D'un monde, etc.

En ne suivant que la nature,
Pourrais-tu te croire innocent?
Ce prestige trop séduisant
Te rend dupe d'une imposture.   D'un monde, etc.

Toi qui voles de crime en crime,
Et qui ne saurais t'arrêter;
Ah ! crains de te précipiter,
Pour jamais, au fond de l'abîme! D'un monde, etc.

De mille écueils notre innocence
Est environnée ici-bas ;
Mon Dieu, veillez sur tous nos pas,
Protégez notre faible enfance.   D'un monde, etc.

1ᵉʳ Dimanche de Carême.

62. — Sentiment de Pénitence.

AIR N° 227.

A vos genoux, Dieu de clémence,
Amenés par la pénitence,
Nous venons pleurer notre offense :
Pardonnez-nous, pardonnez-nous.
Si vous êtes juge sévère,
Vous êtes aussi notre Père ;
Calmez, Seigneur, votre colère :
Exaucez-nous, exaucez-nous.

Loin de vous Satan nous entraine ;
Il nous captive et nous enchaîne,
Mais le repentir nous ramène :
Pardonnez-nous, pardonnez-nous.
Nos cœurs dans le trouble et l'alarme,
Ne sauraient plus goûter de charme;
Que notre regret vous désarme ;
Exaucez-nous, exaucez-nous.

Ingrats ! qu'il faut être coupable,
D'outrager ce Maître adorable !
Faites-nous grâce, ô Père aimable !
Pardonnez-nous, pardonnez-nous.
Trop longtemps nous fûmes rebelles ;
Désormais, rangés sous vos ailes,
Nous vous serons toujours fidèles :
Exaucez-nous, exaucez-nous.

63. — Regrets amers du Pécheur.

AIR Nos 63, 4F.

Hélas ! quelle douleur
  Remplit mon cœur,
  Fait couler mes larmes !
Hélas ! quelle douleur
  Remplit mon cœur
  De crainte et d'horreur !
    Autrefois,
  Seigneur, sans alarmes,
    De tes lois
  Je goûtais les charmes ;
Hélas ! vœux superflus,
  Beaux jours perdus,
  Vous ne serez plus !

La mort déjà me suit ;
  O triste nuit,
  Déjà je succombe !
La mort déjà me suit ;
  Le monde fuit ;
  Tout s'évanouit.
    Je la vois
  Entr'ouvrant ma tombe,
    Et sa voix
  M'appelle, et j'y tombe.
O mort, cruelle mort !
  Si jeune encor !...
  Quel funeste sort !

Frémis, ingrat pécheur ;
  Un Dieu vengeur,
  D'un regard sévère,
Frémis, ingrat pécheur,
  Un Dieu vengeur
  Va sonder ton cœur.
    Malheureux !
  Entends son tonnerre ;
    Si tu peux,
  Soutiens sa colère.
Frémis, seul aujourd'hui,
  Sans nul appui,
  Parais devant lui.

Grand Dieu ! quel jour affreux
  Luit à mes yeux !
  Quel horrible abîme !
Grand Dieu ! quel jour affreux
  Luit à mes yeux !
  Quels lugubres feux !
    Oui, l'enfer,
  Vengeur de mon crime,
    Est ouvert,
  Attend sa victime.
Grand Dieu ! quel avenir !
  Pleurer, gémir,
  Toujours te haïr !

Beau ciel, je t'ai perdu,
  Je t'ai vendu
  Pour de vains caprices ;
Beau ciel, je t'ai perdu,

Je t'ai vendu,
Regret superflu !
Loin de toi,
Toutes les délices
Sont pour moi
De nouveaux supplices ;
Beau ciel, toi que j'aimais,
Qui me charmais,
Ne te voir jamais !...

O vous, amis pieux,
Toujours joyeux
Et pleins d'espérance !
O vous, amis pieux,
Toujours joyeux !
Moi seul malheureux !
J'ai voulu
Sortir de l'enfance ;
J'ai perdu
L'aimable innocence.
O vous, du ciel un jour
Heureuse cour !
Adieu, sans retour.

Non, non, c'est une erreur
Dans mon malheur,

Hélas ! je m'oublie :
Non, non, c'est une erreur
Dans mon malheur,
Je trouve un Sauveur ;
Il m'attend,
Me réconcilie,
Dans son sang
Je reprends la vie.
Non, non, je l'aime encor ;
Et le remord
A changé mon sort.

Jésus, manne des cieux,
Pain des heureux,
Mon cœur te réclame ;
Jésus, manne des cieux,
Pain des heureux,
Viens combler mes vœux.
Désormais
Ta divine flamme
Pour jamais
Embrase mon âme.
Jésus, ô mon Sauveur !
Fais de mon cœur
L'éternel bonheur.

2ᵉ Dimanche de Carême.

64. — Regrets du Pécheur.

AIR Nº 64, 16.

Grand Dieu, mon cœur, touché
D'avoir péché,
Demande grâce ;
Couronne tes bienfaits,
Pardonne mes forfaits ;
Je ne veux plus, Seigneur, encourir ta disgrâce.

REFRAIN.

Pardon, mon Dieu, pardon,
Mon Dieu, pardon ;

Mon Dieu, pardon :
N'es-tu pas un Dieu bon ?
Mon Dieu, pardon :
N'es-tu pas un Dieu bon ?

Hélas ! le triste cours
　Des plus beaux jours
　De ma jeunesse,
N'est qu'un tissu d'erreurs,
De crimes, de malheurs ;
Ah ! bien loin de t'aimer, je t'outrageai sans cesse.

　Pardon, etc.

Sous mes pieds les enfers
　Sont entr'ouverts
　Par ta vengeance :
En un instant la mort
Pourrait fixer mon sort ;
J'implore ta pitié, j'invoque ta clémence.

　Pardon, etc.

Je tombe à tes genoux,
　Suspends tes coups,
　O Dieu terrible !
Vois le sang de ton Fils,
Daigne entendre ses cris ;
Aux vœux qu'il fait pour nous ne sois pas insensible.

　Pardon, etc.

Ah ! puisse désormais,
　Et pour jamais,
　Mon cœur fidèle
N'aimer que le Seigneur,
L'aimer avec ardeur !
Puisse-t-il mériter la couronne immortelle !

　Pardon, etc.

65. — Prière du Pécheur pénitent.

AIR Nos 65, 1, 17, 67, 119, 189, 194, 248.

De ce profond, de cet affreux abime,
Où je me suis aveuglément jeté,

Le cœur brisé du regret de mon crime,
J'ose implorer, Seigneur, votre bonté.   (bis.)

Prêtez l'oreille à l'ardente prière,
Voyez les pleurs d'un enfant malheureux ;
Quoique pécheur, il voit en vous un père :
Pouvez-vous être insensible à ses vœux ?   (bis.)

Si vous voulez, sans user de clémence,
Compter, peser tous nos déréglements,
Ah ! qui pourra, malgré son innocence,
Se rassurer contre vos jugements !   (bis.)

Entre les bras de sa miséricorde,
Avec tendresse il reçoit les pécheurs,
Et son amour, au pardon qu'il accorde,
Ajoute encor les plus grandes faveurs.   (bis.)

Je vous dois tout, Vierge compatissante :
Près de Jésus, pour un cœur repentant,
J'ai vu plaider votre bonté touchante :
Vous n'avez point délaissé votre enfant.   (bis.)

Qu'heureuse est donc une âme pénitente !
Que tout appelle au céleste séjour :
Pour elle il n'est, comme à l'âme innocente,
Qu'un sentiment : c'est celui de l'amour.   (bis.)

3ᵉ Dimanche de Carême.

66. — Souvenir de la Mort.

AIR Nᵒˢ 4, 23, 70, 96, 120, 132, 222.

REFRAIN.

Ne perdons jamais la mémoire
De ce jour où tout doit finir ;
On foule aux pieds la fausse gloire
En rappelant ce souvenir.

Où prends-tu ta fière arrogance,
O mortel ! d'où vient ton orgueil !
Cendre et poussière en ta naissance,
Cendre et poussière en ton cercueil.
   Ne perdons, etc.

Les plaisirs flattent ton envie,
Leur douceur séduit aisément ;
Mais souviens-toi qu'avec la vie
Ils passeront dans un moment.

Ne perdons, etc.

Où sont-ils ces foudres de guerre
Qui faisaient trembler l'univers ?
Ce n'est plus qu'un peu de poussière,
Reste qu'ont épargné les vers.

Ne perdons, etc.

Fuis loin de moi, vaine parure,
A mes yeux tu n'as plus de prix :
Pour ce corps, triste pourriture,
Je dois n'avoir que du mépris.

Ne perdons, etc.

Puisqu'au monde il n'est rien de stable,
Que tout passe et fuit à nos yeux,
Si nous voulons un bien durable,
Ne le cherchons que dans les cieux.

Ne perdons, etc.

Ou Travaillez à votre salut, *page* 46.

4e Dimanche de Carême.
67.—Retour à Dieu.

AIR Nos 67, 1, 17, 65, 119, 189, 194, 248.

DIEU.

Reviens, pécheur, à ton Dieu qui t'appelle ;
Viens, au plus tôt, te ranger sous sa loi :
Tu n'as été déjà que trop rebelle ;
Reviens à lui, puisqu'il revient à toi.   (*bis.*)

LE PÉCHEUR.

Voici, Seigneur, cette brebis errante
Que vous daignez chercher depuis longtemps ;
Touché, confus d'une si longue attente,
Sans plus tarder, je reviens, je me rends.   (*bis.*)

DIEU.

Pour t'attirer ma voix se fait entendre ;
Sans me lasser partout je te poursuis ;
D'un Dieu pour toi, du père le plus tendre,
J'ai les bontés, ingrat, et tu me fuis !   (*bis.*)

LE PÉCHEUR.

Errant, perdu, je cherchais un asile ;
Je m'efforçais de vivre sans effroi :
Hélas ! Seigneur, pouvais-je être tranquille
Si loin de vous, et vous si loin de moi !   (*bis.*)

DIEU.

Attraits, frayeurs, remords, secret langage,
Qu'ai-je oublié dans mon amour constant ?
Ai-je pour toi dû faire davantage ?
Ai-je pour toi dû même faire autant ?   (*bis.*)

LE PÉCHEUR.

Je me repens de ma faute passée ;
Contre le ciel, contre vous j'ai péché ;
Mais oubliez ma conduite insensée,
Et ne voyez en moi qu'un cœur touché.   (*bis.*)

DIEU.

Ta courte vie est un songe qui passe,
Et de ta mort le jour est incertain ;
Si j'ai promis de te donner ma grâce ?
T'ai-je jamais promis le lendemain ?   (*bis.*)

LE PÉCHEUR.

Que je redoute un juge, un Dieu sévère !
J'ai prodigué des biens qui sont sans prix ;
Comment oser vous appeler mon père ?
Comment oser me dire votre fils ?   (*bis.*)

DIEU.

Si je suis bon, faut-il que tu m'offenses ?
Ton méchant cœur s'en prévaut chaque jour ;
Plus de rigueur vaincrait tes résistances ;
Tu m'aimerais si j'avais moins d'amour.   (*bis.*)

LE PÉCHEUR.

Votre bonté surpasse ma malice ;
Pardonnez-moi ce long égarement ;

Je le déteste, il fait tout mon supplice,
Et pour vous seul j'en pleure amèrement.   (bis.)

L. RACINE.

68. — Sur le Respect humain.

AIR N° 68.

REFRAIN.

Bravons les enfers,
Brisons tous nos fers,
Sortons de l'esclavage ;
Unissons nos voix,
Rendons à la croix,
Un sincère et public hommage.   (Fin.)

Jurons haine au respect humain,
Brisons cette idole fragile ;
Sur ses débris, que notre main
Élève un trône à l'Évangile.   Bravons, etc.

Partout flottent les étendards
Qu'arbore à nos yeux la licence ;
Déployons à tous les regards
La bannière de l'innocence.   Bravons, etc.

Tout chrétien doit être un soldat
Marchant à l'éternelle gloire ;
Quand son chef le mène au combat,
Il tient en ses mains la victoire.   Bravons, etc.

Eh quoi ! jamais au champ d'honneur
Vit-on pâlir le front des braves ?
Et nous, sur les pas du Sauveur
Aurions-nous l'âme des esclaves ?   Bravons, etc.

Va, mécréant, je ne crains rien :
Tant qu'il coulera dans mes veines
Quelques gouttes du sang chrétien,
Tes ris, tes menaces sont vaines.   Bravons, etc.

O Jésus ! jusqu'à mon trépas,
A ta croix je serai fidèle,
Et si je ne triomphe pas,
Du moins je tomberai près d'elle,   Bravons, etc.

Dimanche de la Passion.

69. — Souffrances de Jésus-Christ.
AIR Nos 69, 59.

Au sang qu'un Dieu va répandre,
Ah ! mêlez du moins vos pleurs ;
Chrétiens qui venez entendre
Le récit de ses douleurs.
Puisque c'est pour vos offenses
Que ce Dieu souffre aujourd'hui,
Animés par ses souffrances,
Vivez et mourez pour lui.

Dans un jardin solitaire
Il sent de rudes combats ;
Il prie, il craint, il espère ;
Son cœur veut et ne veut pas.
Tantôt la crainte est plus forte,
Et tantôt l'amour plus fort ;
Mais enfin l'amour l'emporte,
Et lui fait choisir la mort.

Judas, que la fureur guide
L'aborde d'un air soumis ;
Il l'embrasse, et ce perfide
Le livre à ses ennemis.
Judas, un pécheur t'imite,
Quand il feint de l'apaiser ;
Souvent sa bouche hypocrite
Le trahit par un baiser.

On l'abandonne à la rage
De cent soldats inhumains ;
Sur son auguste visage
Les valets portent leurs mains.
Vous deviez, anges fidèles,
Témoins de ces attentats,
Ou le mettre sous vos ailes,
Ou frapper tous ces ingrats.

Ils le traînent au grand-prêtre,
Qui seconde leur fureur,
Et ne veut le reconnaître

Que pour un blasphémateur.
Quand il jugera la terre
Ce Sauveur aura son tour ;
Aux éclats de son tonnerre
Tu le connaîtras un jour.

Tandis qu'il se sacrifie,
Tout conspire à l'outrager.
Pierre lui-même l'oublie,
Et le traite d'étranger ;
Mais Jésus perce son âme
D'un regard tendre et vainqueur,
Et met d'un seul trait de flamme
Le repentir en son cœur.

Chez Pilate on le compare
Au dernier des scélérats.
Qu'entends-je ? ô peuple barbare !
Tes cris sont pour Barrabas ;
Quelle indigne préférence !
Le juste est abandonné ;
On condamne l'innocence,
Et le crime est pardonné.

On le dépouille, on l'attache,
Chacun arme son courroux.
Je vois cet agneau sans tache
Tombant presque sous les coups.
C'est à nous d'être victimes,
Arrêtez, cruels bourreaux !
C'est pour effacer vos crimes
Que son sang coule à grands flots.

Une couronne cruelle
Perce son auguste front ;
A ce chef, à ce modèle,
Mondains, vous faites affront.
Il languit dans les supplices,
C'est un homme de douleurs ;
Vous vivez dans les délices,
Vous vous couronnez de fleurs.

Il marche, il monte au Calvaire,
Chargé d'un infâme bois ;
De là, comme d'une chaire,

Il fait entendre sa voix :
Ciel, dérobe à la vengeance
Ceux qui m'osent outrager !
C'est ainsi, quand on l'offense,
Qu'un chrétien doit se venger.

Une troupe déchaînée
L'insulte et crie à l'envi :
Qu'il change sa destinée,
Et nous croirons tous en lui.
Il peut la changer sans peine,
Malgré vos nœuds et vos clous ;
Mais le nœud qui seul l'enchaîne
C'est l'amour qu'il a pour nous.

Ah ! de ce lit de souffrance,
Seigneur, ne descendez pas ;
Suspendez votre puissance,
Restez-y jusqu'au trépas ;
Mais tenez votre promesse,
Attirez-nous près de vous ;
Pour prix de votre tendresse
Puissions-nous y mourir tous.

Il expire, et la nature
Dans lui pleure son auteur ;
Il n'est point de créature
Qui ne marque sa douleur ;
Un spectacle si terrible
Ne pourra-t-il me toucher ?
Et serai-je moins sensible
Que n'est le plus dur rocher ?

Fénelon.

Compassion de la Très Sainte Vierge.

70. — Souffrances de Marie.

AIR Nos 70, 4, 23, 96, 120, 214, 231.

Jeune peuple, enfants de Marie,
A mes accents mêlez vos pleurs ;

De la mère la plus chérie
Je vais raconter les douleurs :
Son cœur est en proie aux alarmes,
Sur votre salut éternel ;
Venez, du moins, de quelques larmes
Payer son amour maternel.

Et vous, confidents de sa peine,
Anges qui composez sa cour,
Entourez aussi votre Reine,
Venez, et chantons tour à tour :
Que la terre et les cieux s'unissent,
Que tout prenne part à son deuil.
Jésus meurt, que nos cœurs gémissent,
Allons pleurer sur son cercueil.

Hélas ! de la plus belle vie
La mort a terminé le cours ;
Elle te ravit, ô Marie !
Jésus, ta joie et tes amours.
Jadis de son tendre sourire
Il te flattait dans son berceau ;
Aujourd'hui ton âme soupire ;
Et tu pleures sur son tombeau.

Et c'est moi qui perce ton âme
D'un glaive à jamais douloureux ;
C'est moi qui, sur un bois infâme,
Fais mourir ton Fils sous tes yeux ;
Pour laver mes excès, mes crimes
Je vois couler son sang, tes pleurs :
Aux tourments de ces deux victimes
Craindrai-je d'unir mes douleurs ?

O Marie, ô ma tendre mère,
Que de pleurs je vous ai coûtés !
J'ai péché, mais pourtant j'espère,
J'espère encore en vos bontés.
C'est moi seul qui suis le coupable,
Et Jésus souffre les douleurs !
Au sang de ce Maître adorable
Je veux enfin mêler mes pleurs.

Dimanche des Rameaux.

71. — Hommage à la Croix.

AIR N° 71.

Puissant Roi des rois, } *le ch. rép.*
Mort pour moi (nous) sur le Calvaire,
Du haut de ce bois } *le ch. rép.*
Daigne entendre ma (nos) faible voix.
Viens, viens me couvrir de ta croix,
    Ombre salutaire,
CH. Espoir de tout le genre humain,
    Bouclier du chrétien.
      Viens, viens, viens.   (*bis.*)

REFRAIN. Célébrons à jamais
Son triomphe et sa puissance ;
Célébrons à jamais
Et son amour et ses bienfaits.

Sauve-moi (nous) ; sans toi, } *le ch.*
O Dieu, je cesserais (nous cesserions) d'être.
Mon (nos) cœur et ma (notre) foi } *le ch. rép.*
Seront fidèles à ta loi.
Viens, tu seras toujours mon roi,
    Mon unique maître ;
CH. Tu seras seul notre soutien
    Et notre vrai bien.
      Viens, viens, viens.   (*bis.*) Célébrons, etc.

Croix du Dieu sauveur ; } *le ch. rép.*
O trésor inépuisable !
Source de bonheur, } *le ch. rép.*
Reçois l'hommage de mon (nos) cœur.
Viens me combler de tes faveurs,
    O croix adorable !
CH. Tu seras l'appui du chrétien ;
    Aimable soutien,
      Viens, viens, viens.   (*bis.*) Célébrons, etc.

———

Ou Jésus, ô mon Sauveur, *page 37.*

Jeudi Saint.

72. — Présence réelle.
AIR N° 72.

O prodige d'amour! spectacle ravissant!
Sous un pain qui n'est plus Dieu cache sa présence;
Ici, pour le pécheur, il est encor mourant;
Les Anges étonnés l'adorent en silence.

REFRAIN.

Prosternez-vous, offrez des vœux; } *bis.*
Oui, mortels, c'est le Roi des cieux. }

Non content d'expirer sur un infâme bois,
L'immortel Souverain de toute la nature,
Aux yeux de ses enfants, une seconde fois
S'immole, et tous les jours devient leur nourriture.

    Prosternez-vous, etc.

La Croix ne nous cachait que la Divinité;
L'Homme-Dieu tout entier s'éclipse en ce mystère:
Mais je l'y reconnais dans la réalité;
C'est mon aimable Roi, c'est mon Dieu, c'est mon Père.

    Prosternez-vous, etc.

Sacrifice d'amour, ô temple, ô saint autel,
D'où la foi fait jaillir la grâce du Calvaire!
Puisse couler sur nous, en ce jour solennel,
De son sang précieux la vertu salutaire.

    Prosternez-vous, etc.

O sacré monument de la mort du Sauveur,
Pain vivant qui donnez la vie au vrai fidèle,
De mon âme soyez l'aliment, la douceur;
Qu'elle brûle pour vous d'une ardeur éternelle!

    Prosternez-vous, etc.

Vendredi Saint.

73. — Passion de Jésus-Christ.

AIR N° 73; sans refrain N° 58.

Est-ce vous que je vois, ô mon Maître adorable!
Pâle, abattu, sanglant, victime de douleurs?
Fallait-il, à ce prix, racheter un coupable
Qui même à votre sang ne mêla pas ses pleurs?

CHOEUR.

O Jésus, qui par votre croix
Opérez le salut du monde,
Soyez à jamais notre Roi :
En vous seul notre espoir se fonde. } bis.

Judas vous livre aux Juifs, dans sa fureur extrême ;
Peut-il à cet excès, le traître, vous haïr!
Comme lui mille fois je dis que je vous aime,
Et je ne rougis pas, ingrat, de vous trahir.

O Jésus, etc.

On vous couvre d'affronts, on vous raille, on vous frappe.
Mépris, soufflets, crachats, rien ne peut vous aigrir;
Nul murmure secret, nul mot ne vous échappe :
Et moi, sans éclater, je ne puis rien souffrir.

O Jésus, etc.

O barbare fureur! dans son sang un Dieu nage!
Sur lui mille bourreaux s'acharnent tour à tour;
Ils redoublent leurs coups, ils épuisent leur rage;
Mais rien ne peut jamais affaiblir son amour.

O Jésus, etc.

Quand je vois mon Sauveur, mon chef et mon modèle,
Ceint d'un bandeau sanglant d'épines de douleurs ;
Combien dois-je rougir, lâche, infâme, infidèle,
D'aimer à me plonger dans le sein des douceurs!

O Jésus, etc.

Quel spectacle effrayant! ô Ciel, quelle justice !
Jésus, quoique innocent, en croix meurt attaché;

Un Dieu juste, un Dieu bon ordonne ce supplice;
Jugez de là, mortels, quel mal est le péché.

 O Jésus, etc.

Votre Fils, expirant entre vous et la terre,
Est comme un bouclier qui pare tous vos coups;
Pour nous perdre, grand Dieu, il faut que le tonnerre
Frappe ce Fils chéri pour venir jusqu'à nous.

 O Jésus, etc.

O Victime d'amour! ô noble sacrifice!
O sanglante agonie! ô cruelles douleurs!
O trépas bienheureux! salutaire supplice,
Vous serez à jamais l'entretien de nos cœurs.

 O Jésus, etc.

Ou Mon doux Jésus, enfin voici le temps. (Voir la table.)

PAQUES.

74. — Triomphe de Jésus-Christ.

AIR N° 74.

Jésus paraît en vainqueur;
Sa bonté, sa douceur
Est égale à sa grandeur;
Jésus paraît en vainqueur:
Aujourd'hui donnons-lui notre cœur.
 Malgré nos forfaits,
 Ses divins bienfaits,
 Ses charmants attraits,
Ne nous parlent que de paix.
 Pleurons nos forfaits,
 Chantons ses bienfaits,
Rendons-nous à ses charmants attraits.

Chrétiens, joignez vos concerts;
 Jésus chargé de fers,
La mort, fille des enfers,
Chrétiens joignez vos concerts;

Que son nom réjouisse les airs !
Juste ciel ! quel choix !
Quoi ! le Roi des rois
A dû, sur la croix,
Au ciel acquérir des droits !
Embrassons la croix !
Que ce libre choix
Au ciel assure à jamais nos droits.

Je vois la mort sans effroi :
Mon Seigneur et mon roi
En a triomphé pour moi.
Je vois la mort sans effroi ;
Ce mystère est l'appui de ma foi.
Ah ! si tour à tour,
Lâche et sans amour,
Jusques à ce jour,
Je n'ai payé nul retour :
Du moins dès ce jour,
Ah ! pour tant d'amour,
Je veux payer un juste retour.

Il va descendre des cieux,
Ce Sauveur glorieux
Va s'abaisser en ces lieux :
Il va descendre des cieux,
Que nos cœurs brûlent des plus doux feux !
Au jour des douleurs,
Pleins de nos malheurs,
Nous portions des cœurs
Qu'avaient amollis les pleurs.
Ah ! plus de douleurs,
A ses pieds vainqueurs,
A pleines mains répandons des fleurs.

75 — Victoire de Jésus.

AIR N° 154.

Chantons, chantons victoire
A l'Agneau rédempteur,
Jésus, le Roi de gloire,
Du tombeau sort vainqueur.
D'un éclair de sa face,
Les gardes terrassés,
N'ont pu suivre la trace
Des pieds qu'ils ont percés.

en. A Jésus triomphant, louange, honneur et gloire !
Qu'il règne ce grand Dieu, qu'il triomphe à jamais !
Que l'univers entier célèbre sa victoire ;
Chantons avec transport sa gloire et ses bienfaits ! (bis)

O mort ! où sont tes armes ?
Jésus brise nos fers,
Jésus vit; plus d'alarmes,
Les cieux nous sont ouverts. (b.
Que tout genou fléchisse,
Que tout cède à sa loi ;
Que tout aime et bénisse
Mon Seigneur et mon Roi.

    A Jésus, etc.

Oui, mon âme est ravie ;
Plein d'un céleste feu,
Mon cœur croit, à la vie,
Renaître avec son Dieu. (bis.)
Gloire au Dieu que j'adore,

Victoire à mon Sauveur ;
Que chercherais-je encore ?
Heureux de son bonheur !

    A Jésus, etc.

O Jésus, ô mon Maître !
O mon divin Époux !
Je veux mourir, renaître,
Toujours vivre avec vous. (bis.)
Jésus, mon espérance,
Ma vie et mes amours,
A vous force et puissance ;
Vivez, régnez toujours.

    A Jésus, etc.   L. A.

76. — Résurrection de J.-C

AIR Nos 8, 86, 201, 237.

Dans les transports d'une vive allégresse,
Chrétiens, chantons ce jour trois fois heureux ;
Le Dieu Sauveur, fidèle à sa promesse,
Sort du tombeau vivant et glorieux.

    Honneur et gloire
    Au Dieu Sauveur !
    Par sa victoire,
Il nous rend au bonheur.

Juif, tu disais : Le Christ enfin succombe ;
Son souvenir, de la terre effacé,
Dort pour jamais avec lui dans la tombe ;
Ainsi parlait ton orgueil insensé.   Honneur, etc.

Sur sa victime en vain ta fureur veille,
En vain tu crois triompher du Dieu fort ;
De son tombeau, Jésus enfin s'éveille
Et fait trembler les portes de la mort.   Honneur, etc.

Peuple aveuglé, ta fureur impuissante
Rend son triomphe encor plus éclatant.
Les soins déçus de ta haine violente
Sont de ma foi le plus sûr fondement. Honneur, etc.

Au crime en vain tu joindras l'imposture,
Et l'on dira bientôt dans l'univers
Que mon Sauveur, maître de la nature,
A terrassé la mort et les enfers. Honneur, etc.

Mais, ô Jésus ! de la mort ennemie
Pour nous aussi tu brises l'aiguillon,
Pour nous ta mort est un germe de vie,
Un gage heureux de résurrection. Honneur, etc.

Je fermerai les yeux à la lumière ;
Mais par Jésus un jour ressuscité,
Je sortirai du sein de la poussière,
Brillant de gloire et d'immortalité. Honneur, etc.

Quasimodo.

77. — Joie de la Résurrection de J. C.

AIR Nos 77, 23, 96, 116, 120, 161, 214, 238.

Aux chants de la reconnaissance,
Chrétiens, unissez vos accords ;
Dans le temple de l'innocence,
Faites éclater vos transports.

CHOEUR.

Sion, célèbre la mémoire,
Le triomphe d'un Dieu vainqueur :
Le servir est toute ma gloire,   ⎫
L'aimer fera tout mon bonheur. ⎬ *bis.*

Quoi ! pour Dieu, serai-je insensible ?
Quel autre objet peut me charmer ?
Non, lui-même, à mon cœur sensible
Apprit l'art si doux de l'aimer. Sion, etc.

En vain contre mon innocence
L'enfer, le monde ont conspiré ;
Dieu me couvre de sa puissance,
A l'ombre de l'autel sacré. Sion, etc.

Loin des regrets, loin des alarmes,
Qui suivent toujours les pécheurs,
Pour Dieu seul, je verse des larmes ;
Son amour fait couler mes pleurs.   Sion, etc.

De vos bienfaits, ô père tendre,
Quel sera le juste retour ?
Je veux enfin, je veux vous rendre
Désormais amour pour amour.   Sion, etc.

Formez des concerts d'allégresse,
Livrez-vous aux plus doux transports ;
Peuples, tribus, que tout s'empresse
D'unir sa voix à nos accords.   Sion, etc.

Jeunes élus, chantez sa gloire ;
Et qu'un monument éternel
Consacre, en vos cœurs, la mémoire
D'un jour si beau, si solennel.   Sion, etc.

DE SAMBUCY.

Ou Pleins de ferveur, *page 40.*

2ᵉ Dimanche après Pâques.
78. — Le Bon Pasteur.
AIR Nᵒˢ 78, 39.

REFRAIN.
O Dieu de l'enfance,
Jésus, bon Pasteur ;
Donne l'innocence
Qui fait le bonheur.

De la dent cruelle
Des loups ravissants,
Ta main paternelle
Garde tes enfants.
  O Dieu, etc.

Lorsque, vagabonde,
La brebis s'enfuit,
A travers le monde
Jésus la poursuit.
  O Dieu, etc.

Lorsque la tempête
Mugit dans les bois,
La brebis inquiète
Se calme à ta voix.
  O Dieu, etc.

Il nous sanctifie
Dès notre berceau ;
Nous puisons la vie
Au sang de l'Agneau.
  O Dieu, etc.

Aux gras pâturages
Conduis tes brebis,
Sous les frais ombrages
De ton Paradis.
  O Dieu, etc.

79. — MÊME SUJET.
AIR N° 46.

O bon Pasteur! sous quelle douce image
Dans ce beau jour tu parais à mon cœur.
Ah! quels accents, quel aimable langage,
Quels traits divins enflamment ton visage!
  O bon Pasteur! (bis.)

Tendres agneaux! c'est Jésus qui vous mène :
Il voit en vous le plus cher des troupeaux;
Ne craignez point la douleur ni la peine,
Confiez-vous en son amour extrême,
  Tendres agneaux! (bis.)

Vivez heureux dans ces gras pâturages;
Soyez l'amour de la terre et des cieux;
Paissez, agneaux, sous ces riants ombrages,
Les loups cruels ont fui de ces parages.
  Vivez heureux. (bis.)

Suivez ses pas dans ces charmants asiles;
Avec amour venez entre ses bras.
A sa houlette, agneaux, soyez dociles;
Suivez Jésus dans ces plaines tranquilles.
  Suivez ses pas. (bis.)

L'entendez-vous? ô brebis infidèles,
De votre cœur il daigne être jaloux;
Il meurt pour vous, cessez d'être rebelles;
Venez enfin et soyez-lui fidèles.
  L'entendez-vous? (bis.)

Heureux séjour! où règne l'innocence,
Ah! sois toujours l'objet de notre amour.
Le bon Pasteur par sa douce présence,
De ses faveurs donne ici l'abondance.
  Heureux séjour! (bis.)

3° Dimanche après Pâques.
60. — Souvenir de la Résurrection.
AIR N° 80.

Peuple fidèle, Ton Roi t'appelle,
Ferme ton cœur Il est vainqueur.
A la douleur;

REFRAIN.

Le Seigneur est ressuscité,
Les chants de joie ont éclaté
Et jusqu'aux cieux je vois son nom porté.

Tu viens de naître,
Éclat nouveau
D'un jour si beau :
Jésus en maître
Sort du tombeau.
Le Seigneur, etc.

O Madeleine !
Suis de ton cœur
La douce ardeur ;
L'amour t'amène
Vers ton Sauveur.
Le Seigneur, etc.

Heureux apôtres,
Accourez tous
A ses genoux ;
A tous les vôtres,
Dieu, montrez-vous.
Le Seigneur, etc.

La foi s'étonne ;
Mais Jésus-Christ
L'avait prédit :

L'enfer frissonne,
La mort gémit.
Le Seigneur, etc.

Quoi ! cette garde
Est contre lui
Tout votre appui ?
Il la regarde,
Et tous ont fui.
Le Seigneur, etc.

La sentinelle
Qui tant dormit
Toute la nuit,
Comment vit-elle
Qu'on le ravit ?
Le Seigneur, etc.

Chants de victoire,
Louange, honneur
Au Rédempteur :
Ah ! que de gloire !
Quelle grandeur !
Le Seigneur, etc.

Ou Heureux séjour de l'innocence, *page* 4.

4ᵉ Dimanche après Pâques.

1.— Amour de préférence pour Jésus.

AIR N° 81.

Que Jésus est un bon maître !
Et qu'il est doux de l'aimer !
Bienheureux qui sait connaître
Combien il peut nous charmer !

REFRAIN. Divin Sauveur !
Beauté suprême !

Oui, je vous aime,
  Divin Sauveur!
Je vous aime, je vous aime
  De tout mon cœur,
  De tout mon cœur.

Mettons-nous sous son empire,
Soyons à lui pour jamais,
Et que notre âme n'aspire
Qu'à goûter ses saints attraits.   Divin, etc.

Sans Jésus rien ne peut plaire;
Tout est dur, tout est amer,
Tout est disgrâce, misère,
Désespoir, tourment, enfer.   Divin, etc.

Avec lui tout est délices,
Tout est source de douceur,
Tout est avant-goût, prémices,
Du séjour de son bonheur.   Divin, etc.

Avec lui, de l'indigence
L'on ne craint point les rigueurs;
Avec lui, de l'opulence
On dédaigne les faveurs.   Divin, etc.

De l'amour dont Jésus aime
Rien ne peut rompre le cours;
Et l'instant de la mort même
L'unit à nous pour toujours.   Divin, etc.

Ou Heureux qui dès son enfance, *page* 45.

5ᵉ Dimanche après Pâques.

82. — Avantages de la Ferveur.
AIR Nᵒˢ 82, 111, 122, 156, 162, 165, 211.

Goûtez, âmes ferventes,
Goûtez votre bonheur;
Mais demeurez constantes
Dans votre sainte ardeur.

CHOEUR.

Heureux le cœur fidèle
Où règne la ferveur!

On possède avec elle
Tous les dons du Seigneur.

Elle est le vrai partage
Et le sceau des élus;
Elle est l'appui, le gage,
Et l'âme des vertus.
Heureux, etc.

Par elle, la foi vive
S'allume dans les cœurs,
Et sa lumière active
Guide et règle nos mœurs.
Heureux, etc.

Par elle l'espérance
Ranime ses soupirs,
Et croit jouir d'avance
Des célestes plaisirs.
Heureux, etc.

Par elle, dans les âmes
S'accroît de jour en jour
L'activité des flammes
Du pur et saint amour
Heureux, etc.

C'est elle qui de l'âme
Dévoile la grandeur,
Et le zèle s'enflamme
Par sa vive chaleur.
Heureux, etc.

De l'âme pénitente
Elle adoucit les pleurs,
Et de l'âme souffrante
Elle éteint les douleurs.
Heureux, etc.

Celui qui fut docile
A vivre sous ses lois,
Courut d'un pas agile
La route de la croix.
Heureux, etc.

Sous ses heureux auspices,
On goûte les bienfaits,
Les charmes, les délices
De la plus douce paix.
Heureux, etc.

Mais sans sa vive flamme
Tout déplaît, tout languit;
Et la beauté de l'âme
Se fane et dépérit.
Heureux, etc.

DE LA TOUR.

Ou Ouvrages du Seigneur, *page 2.*

Rogations.

88. — Nécessité de la Prière.

AIR N° 247.

Il faut prier
Le Dieu, notre souverain Maître;
Il faut prier,
A ses pieds gémir, supplier;
Mais en coupable il faut paraître,
Et notre orgueil doit disparaître,
   Pour bien prier. (*bis.*)

Il faut prier
Ce Dieu que tous les cœurs honorent;
Il faut prier,

Qu'il daigne nous sanctifier.
Mais, tandis que nos voix l'implorent,
Que nos cœurs humblement l'adorent,
    Pour bien prier. *(bis.)*

    Il faut prier,
Avec une foi ferme et vive :
    Il faut prier
Qu'il daigne nous fortifier.
Il faut que notre âme attentive
Soit pure, fervente, plaintive,
    Pour bien prier.   *(bis.)*

    Il faut prier,
Célébrer de Dieu les louanges,
    Il faut prier,
Il faut au Ciel nous associer ;
Il faut nous unir aux archanges,
Aux séraphins, aux chœurs des anges,
    Pour bien prier.   *(bis.)*

    Il faut prier,
Avec respect et modestie ;
    Il faut prier.
Oh ! quel malheur de l'oublier !
Mais pour l'éternelle patrie
Il faut soupirer, quand on prie,
    Pour bien prier.   *(bis.)*

Ascension et Octave.

84. — Triomphe de Jésus-Christ.
AIR Nos 37, 150.

Célébrons en ce saint jour,
D'un Dieu le triomphe et la gloire ;
Célébrons en ce saint jour
Et ses bienfaits et son amour.   *(Fin.)*
    Que nos voix s'unissent,
    Que tous le bénissent ;
    Que nos voix s'unissent
    A nos saints transports ;
    Et que les cieux applaudissent
    A nos chants, à nos accords. Célébrons, etc.

Ce Roi vainqueur glorieux,
Conquérant le plus magnanime;
  Ce Roi vainqueur glorieux
S'élève et nous ouvre les cieux.
     En ce jour unie,
     Jeunesse chérie,
     En ce jour unie
     Aux célestes chœurs;
  Ah! que notre voix publie
  Sa victoire et ses faveurs. Célébrons, etc.

  Régnez sur nous ici-bas,
Seigneur, de la gloire immortelle;
  Régnez sur nous ici-bas,
Protégez-nous dans nos combats.
     Quel amour extrême,
     Ce Maître suprême;
     Quel amour extrême
     A ce Dieu pour nous.
  De l'aimer toujours lui-même
  Ici nous le jurons tous. Célébrons, etc.

85. — MÊME SUJET.

AIR Nos 4, 77, 96, 116, 161, 214, 222.

REF. Quel spectacle s'offre à ma vue!
  Un Dieu s'élève dans les airs;
  Des anges entourent la nue
  Qui le dérobe à l'univers.   Quel, etc.

  Tout s'empresse sur son passage;
  Il trace un rayon lumineux :
  Porté sur un léger nuage,
  Il monte aujourd'hui vers les cieux.   Quel, etc.

  Il va jouir de ses victoires
  Et du fruit de ses longs combats :
  Assis sur un trône de gloire,
  Il m'invite à suivre ses pas.   Quel, etc.

  Le ciel sera mon héritage,
  Je partagerai son bonheur;
  Et son triomphe est l'heureux gage
  De ma gloire et de ma grandeur.   Quel, etc.

Mais avant de quitter la terre,
Et d'entrer au ciel en vainqueur,
Il a parcouru la carrière
Des travaux et de la douleur.   Quel, etc.

C'est par la croix que la couronne
Brille sur son front radieux :
C'est à ce prix qu'elle se donne,
Et qu'on triomphe dans les cieux.   Quel, etc.

86. — Soupirs vers le Ciel.

AIR N°s 86, 8, 201, 237.

Sainte cité, demeure permanente,
Sacré palais qu'habite le grand Roi,
Où doit un jour régner l'âme innocente ;
Quoi de plus doux que de penser à toi ?

REFRAIN.   O ma patrie !
           O mon bonheur !
           Toute ma vie
           Sois le vœu de mon cœur.

Dans tes parvis, au sein de l'allégresse,
Coule un torrent des plus chastes plaisirs ;
On ne ressent ni peines ni tristesse,
On ne connaît ni plaintes ni soupirs.   O ma patrie, etc.

Tes habitants ne craignent plus d'orage ;
Ils sont au port, ils y sont pour jamais ;
Un calme entier devient leur doux partage ;
Dieu dans leur cœur verse un fleuve de paix.   O ma, etc

De quel éclat ce Dieu les environne !
Ah ! je les vois tout brillants de clarté !
Rien ne saurait plus flétrir leur couronne ;
Leur vêtement est l'immortalité.   O ma patrie, et

Beauté divine, ô beauté ravissante !
Tu fais l'objet du suprême bonheur :
Oh ! quand naîtra cette aurore brillante
Où nous pourrons contempler ta splendeur.   O ma, et

Puisque Dieu seul est notre récompense,
Qu'il soit aussi la fin de nos travaux ;

Dans cette vie un moment de souffrance
Mérite au Ciel un éternel repos.   O ma patrie, etc.

PENTECOTE.
87. — Descente du Saint-Esprit.
AIR Nos 218,173,125, 140.

Sur les Apôtres assemblés
Lorsque l'Esprit-Saint vint descendre,
Les éléments furent troublés,
Un vent soudain se fit entendre.
Devant Dieu marche la terreur,
Lorsqu'il veut instruire la terre,
Et, pour signal de sa grandeur,
Il a le bruit de son tonnerre.   } *bis.*

Tendre troupeau, rassurez-vous,
N'appréhendez rien de ses flammes ;
Ce feu, qui n'a rien que de doux,
Ne doit embraser que vos âmes ;
Souvenez-vous que Jésus-Christ,
Dans ses adieux pleins de tendresse,
Vous promit son divin esprit ;
Il tient aujourd'hui sa promesse.   } *bis.*

Déjà je vous vois tous remplis
Des transports d'une sainte ivresse,
Dans l'instant vous êtes instruits
Des mystères de la sagesse ;
Vos nobles cœurs sont animés
De zèle, d'amour, de courage,
Et déjà vous vous exprimez
En toute sorte de langage.   } *bis.*

Courez, allez porter vos pas
Dans tous les lieux où l'on respire ;
Affrontez les feux, le trépas ;
Prêchez ce Dieu qui vous inspire ;
Mille lauriers vous sont offerts ;
Vous devez en ceindre vos têtes ;
Jusques au bout de l'univers
Allez étendre vos conquêtes.   } (*bis.*)

Esprit saint, Esprit créateur,
Qui seul peux convertir nos âmes,
Viens sur ma bouche et dans mon cœur,
Viens les pénétrer de tes flammes ;
Donne de la force à mes chants
Pour annoncer ce qu'il faut croire :
Inspire-moi de doux accents, *(bis.)*
Dignes de célébrer ta gloire.

88. — Invocation du Saint-Esprit.

AIR N° 88.

REFRAIN.
Esprit saint, comblez nos vœux,
    Embrasez nos âmes
    Des plus vives flammes ;
Esprit saint, comblez nos vœux,
    Embrasez nos âmes
    De vos plus doux feux.

Seul auteur de tous les dons,
De vous seul nous attendons
    Tout notre secours,
    Dans ces saints jours.   Esprit, etc.

Sans vous, en vain, du don des cieux
    Les rayons précieux
    Brillent à nos yeux ;
Sans vous, notre cœur
    N'est que froideur.   Esprit, etc.

Voyez notre aveuglement,
Nos maux, notre égarement ;
    Rendez-nous à vous,
    Et changez nous.   Esprit, etc.

Sur nos esprits, Dieu de bonté,
    Répandez la clarté
    Et la vérité :
    Préparez nos cœurs
    A vos faveurs.   Esprit, etc.

Donnez-nous ces purs désirs,
Ces pleurs saints, ces vrais soupirs,
    Qui des grands pécheurs
    Changent les cœurs.   Esprit, etc.

Donnez-nous la docilité,
  Le don de pureté
    Et de piété,
  L'esprit de candeur
    Et de douceur.   *Esprit, etc.*

Étouffez notre tiédeur,
  Réchauffez notre ferveur,
    Rassurez nos pas
      Dans nos combats.   *Esprit, etc.*

Sanctifiez nos jours naissants,
  Et nos jours florissants,
    Et nos derniers ans :
    Que tous nos instants
      Soient innocents.   *Esprit, etc.*

89. — Dons du Saint-Esprit.

AIR Nos 89, 53, 167.

REFRAIN.

Esprit saint, Dieu de lumière,
O vous que nous invoquons !
Venez des cieux sur la terre,
Comblez-nous de tous vos dons.   } *bis.*

DON DE SAGESSE.

Accordez-nous cette sagesse
Qui ne cherche que le Seigneur ;
Que notre étude soit sans cesse
De lui soumettre notre cœur.   *Esprit saint, etc.*

INTELLIGENCE.

Donnez-nous cette intelligence,
Ce don qui fait connaître au cœur
De la foi toute l'excellence,
Et du crime toute l'horreur.   *Esprit saint, etc.*

CONSEIL.

De vos conseils que la lumière
Dissipe nos illusions ;
Qu'elle nous guide et nous éclaire
Au milieu des tentations.   *Esprit saint, etc.*

FORCE.

Venez, inspirez-nous la force
D'aimer Dieu, d'observer sa loi ;
Et qu'en vain le monde s'efforce
D'éteindre, dans nos cœurs, la foi. Esprit saint, etc

SCIENCE.

Enseignez-nous cette science,
L'art divin qui fait les vertus ;
Répandez sur nous l'abondance
Du don qui forme les élus.   Esprit saint, etc.

PIÉTÉ.

Qu'une piété vive et pure
Nous anime et brûle toujours ;
Qu'à son feu notre âme s'épure,
Et pour vous s'embrase d'amour. Esprit saint, etc.

CRAINTE DE DIEU.

Grand Dieu ! inspirez-nous la crainte
De vos terribles jugements ;
Que l'amour de votre loi sainte
Pénètre et nos cœurs et nos sens. Esprit saint, etc.

90. — Triomphe de l'Église.

AIR N°s 90, 155, 200.

Pourquoi ces vains complots, ô princes de la terre !
    Pourquoi tant d'armements divers ?
Vous vous réunissez pour déclarer la guerre
    Au souverain de l'univers.
Tremblez, ennemis de sa gloire,
Tremblez, audacieux mortels ;
Il tient en ses mains la victoire,
Tombez au pied de ses autels.
La Religion vous appelle :
Sachez vaincre, sachez périr ;
Un chrétien doit vivre pour elle,   } bis.
Pour elle un chrétien doit mourir. }

CHOEUR.

La Religion nous appelle,
Sachons vaincre, sachons périr :
Un chrétien doit vivre pour elle,   } bis.
Pour elle un chrétien doit mourir. }

Depuis quatre mille ans, plongé dans les ténèbres,
    Assis à l'ombre de la mort,
L'univers, gémissant sous ses voiles funèbres,
    Soupirait pour un meilleur sort.
    Jésus paraît : à sa lumière
    La nuit disparaît sans retour,
    Comme on voit une ombre légère
    S'enfuir devant l'astre du jour.   *Chœur.*

Pour soumettre à ses lois tous les peuples du monde,
    Il ne veut que douze pêcheurs ;
Et pour éterniser le royaume qu'il fonde,
    Il en fait ses ambassadeurs.
    Nouveaux guerriers, prenez la foudre,
    Allez conquérir l'univers,
    Frappez, brisez, mettez en poudre
    L'idole d'un monde pervers.   *Chœur.*

En vain, ô fiers tyrans ! votre main meurtrière
    Fait couler leur sang à grands flots ;
Ce sang devint fécond : de leur noble poussière
    S'élève un essaim de héros ;
    Et courbant eux-mêmes leurs têtes,
    Seigneur, sous le joug de tes lois,
    Après trois siècles de tempêtes,
    Les princes arborent la croix.   *Chœur.*

Église de Jésus, doux charme de ma vie,
    Et mon espoir dès le berceau,
Sainte Religion, si jamais je t'oublie,
    Si tu ne me suis au tombeau,
    Que jamais ma langue glacée
    Ne prête de sons à ma voix,
    Et que ma droite desséchée
    Me punisse et venge tes droits.   *Chœur.*

Très Sainte Trinité.

91. — Sublimité de ce mystère,

AIR N°s 91, 142.

O vaste abîme, ô source inépuisable
De profondeur, de sainte obscurité ;

De notre foi mystère impénétrable,
Etre infini, divine Trinité !

REFRAIN.

O Trinité, qui de ton être immense
Pourra sonder les sublimes hauteurs ?
Qu'en nous la foi, par un humble silence,
Sache du moins honorer tes grandeurs.

Esprit divin, ô Fils ! et vous, ô Père !
Vous possédez même divinité,
Mêmes trésors, même éclat de lumière,
Même grandeur, même immortalité.   O vaste, etc.

O Séraphins ! vous couvrez de vos ailes
Du Dieu vivant le trône radieux ;
Et vos concerts, Esprits toujours fidèles,
De son saint Nom font retentir les cieux. O vaste, etc.

Ciel, dans ton sein, sans le moindre nuage,
Notre œil verra son front majestueux ;
Mais ici-bas, notre cœur, sans partage,
Lui doit offrir le tribut de ses vœux.   O vaste, etc.

De tes enfants exauce les prières,
Trinité sainte, et sensible à leurs vœux;
Par tes ardeurs, par tes vives lumières,
Rends-les un jour triomphants dans les cieux. O, etc.

92. — MÊME SUJET.

AIR Nos 5, 182, 222.

O toi qu'un voile épais me cache,
Indivisible Trinité !
Lumière éternelle, sans tache,   } bis.
Nous adorons ta majesté.

En Dieu, seul saint, seul adorable,
Oh ! que de gloire et de grandeur !
Oh ! quel abime impénétrable   } bis.
Et de richesse et de splendeur !

Le Père, admirant sa sagesse,
Engendre un Fils qui le chérit !
De leur mutuelle tendresse   } bis.
L'Esprit-Saint est l'auguste fruit.

Le Père, en nous donnant la vie,
Nous la conserve à chaque instant ;
Le Saint-Esprit nous sanctifie
Par les feux qu'en nous il répand. } bis.

Égal en tout à Dieu son Père,
Dieu le Fils, le Verbe éternel,
Pour soulager notre misère,
A daigné se faire mortel. } bis.

Enfants soumis, rendons hommage
A la divine Trinité ;
Son nom saint est pour nous le gage
De l'heureuse immortalité. } bis.

FÊTE-DIEU.

93. — Ouverture.

AIR N° 93.

Voici l'autel, voici le trône
Objets de nos plus tendres vœux :
Le doux éclat qui l'environne
Charme sans éblouir nos yeux.

REFRAIN.

Du haut de la voûte azurée,
Un Dieu paraît dans ces augustes lieux ;
Relève ta tête sacrée,
Religion, noble fille des cieux.

Lève ton front de la poussière,
Chère Sion, brise tes fers,
Et reprends ta splendeur première :
Tous les trésors te sont ouverts. **Du haut, etc.**

Vois comme l'auguste sagesse,
Sensible au bonheur des humains,
Vient, prodigue de sa tendresse,
Verser ses dons à pleines mains. **Du haut, etc.**

Sortez de ces superbes tentes ;
Venez ici, mondains jaloux,
Voir les merveilles éclatantes
Que Dieu daigne opérer pour nous. **Du haut, etc.**

Jésus paraît : l'amour le presse ;
Il vole au devant du pécheur ;
Et, dans l'excès de sa tendresse,
Il daigne s'unir à son cœur.   Du haut, etc.

Il a dissipé les orages ;
Il ouvre les portes des cieux,
Et, sur les ailes des nuages,
Il nous apparaît glorieux.   Du haut, etc.

L'abbé DE SAMBUCY.

94. — Hommage à l'Eucharistie.

AIR N° 94.

REFRAIN
{ Chantons le mystère adorable
    De ce grand jour ;
Chantons le don inestimable
    Du Dieu d'amour.   (bis.)

A seconder nos saints accords
    Que tout s'empresse !
Qu'au loin tout éclate en transports
    D'une vive allégresse !   Chantons, etc.

Ce Dieu, toujours plein de tendresse
    Pour les mortels,
S'immole, en leur faveur, sans cesse,
    Sur nos autels.   (bis.)
Peu content d'un bienfait si doux,
    L'amour l'engage
A se donner lui-même à nous,
    Souvent et sans partage.   Chantons, etc.

Honneur, amour, louange et gloire
    Au Dieu sauveur !
Qu'à jamais vive sa mémoire
    Dans notre cœur !   (bis.)
Aimons-le sans fin, sans retour,
    Plus que nous-même ;
Et payons son excès d'amour
    Par un amour extrême.   Chantons, etc.

Consacrez-lui vos voix naissantes,
    Tendres enfants,
Et de vos âmes innocentes
    Les doux accents.   (*bis.*)
On doit l'aimer dans tous les temps,
    Dans tous les âges ;
Mais surtout des cœurs innocents
    Il aime les hommages.   Chantons, etc.

Divin Jésus, beauté suprême,
    Comblez nos vœux ;
Venez dans nous, venez vous-même
    Nous rendre heureux.
Daignez, grand Dieu, de vos bienfaits
    Remplir nos âmes ;
Qu'elles ne brûlent désormais
    Que de vos saintes flammes.   Chantons, etc.

95. — Procession du T. S. Sacrement.
AIR N° 103.

Chère Sion, pousse un cri d'allégresse,
Le Dieu d'amour sort en triomphateur ;
Lui-même il vient, conduit par sa tendresse,
De ses enfants solliciter l'ardeur.
    Qu'on fête son passage ;
    Que tout lui rende hommage ;
Faisons vers lui voler, avec ces fleurs,
Nos chants joyeux, notre encens et nos cœurs. (*bis.*)

Nouveau soleil que le monde contemple,
Qu'avec éclat de ton repos tu sors !
Viens, l'univers en ce jour est ton temple :
De tes enfants recueille les transports.
    Toute la terre émue
    Se ranime à ta vue.   Faisons, etc.

Reconnaissons le Dieu de la nature
En lui payant le tribut de ses dons :
Ces tendres fleurs, cette aimable verdure
Sont ses présents ; et nous les lui rendons.
    Peut-on trouver un gage
    Qui ne soit son ouvrage ?   Faisons, etc.

Oui, c'est l'amour qui, dans ce doux mystère,
Voile d'un Dieu la haute majesté ;
Oui, c'est encor l'amour qui nous éclaire
Et nous fait voir l'invisible beauté.
    O charité suprême!
      On te craint lorsqu'on t'aime.   Faisons, etc.

O Roi du ciel! ô Maître de la terre!
Nous t'adorons avec ravissement.
Qui n'aimerait un si généreux Père,
Un Dieu si bon, un Maître si charmant?
    Ah! descends dans nos âmes,
    Brûle-les de tes flammes,
Et qu'à jamais nous puissions, doux Sauveur,
T'offrir nos chants, notre encens, notre cœur!

2ᵉ Jour de l'Octave.

96. — Merveilles de l'Eucharistie.

AIR Nᵒˢ 96, 4, 23, 105, 120, 161, 168, 214, 238.

Par les chants les plus magnifiques,
Sion, célèbre ton Sauveur ;
Exalte dans tes saints cantiques
Ton Dieu, ton chef et ton pasteur ;
Redouble aujourd'hui, pour lui plaire,
Tes transports, tes soins empressés :
Jamais tu n'en pourras trop faire,
Tu n'en feras jamais assez.   } bis.

Ouvre ton cœur à l'allégresse,
A tout le feu de tes transports,
Lorsque son immense largesse
T'ouvre elle-même ses trésors :
Près de consommer son ouvrage
Il consacre son dernier jour
A te laisser ce tendre gage
Qui mit le comble à son amour.   } bis.

Offert sur la table mystique,
L'Agneau de la nouvelle loi
Termine enfin la Pâque antique
Qui figurait le nouveau roi.

La vérité succède à l'ombre,
La loi de crainte se détruit ;
La clarté chasse la nuit sombre,   } bis.
Et la loi de grâce nous luit.

Jésus de son amour extrême
Veut éterniser le bienfait,
Ce que d'abord il fit lui-même,
Le prêtre à son ordre le fait ;
Il change, ô prodige admirable
Qui n'est aperçu que des cieux !
Le pain en son corps adorable,   } bis.
Le vin en son sang précieux.

L'œil se méprend, l'esprit chancelle :
Il cherche d'un Dieu la splendeur ;
Mais toujours ferme, un vrai fidèle
Sans hésiter voit son Sauveur ;
Son sang pour nous est un breuvage,
Sa chair devient notre aliment :
Les espèces sont le nuage   } bis.
Qui nous le couvre au Sacrement.

On voit le juste et le coupable
S'approcher du banquet divin,
Se ranger à la même table,
Prendre place au même festin ;
Chacun reçoit la même hostie :
Mais qu'ils diffèrent dans leur sort !
Le juste tremble et boit la vie,   } bis.
L'impie affronte et boit la mort.

Je te salue, ô pain de l'Ange !
Aujourd'hui pain du voyageur ;
Toi que j'adore et que je mange,
Ah ! viens dissiper ma langueur.
Loin de toi, l'impur, le profane,
Pain réservé pour les enfants,
Mets des élus, céleste manne,   } bis.
Objet seul digne de nos chants.

3ᵉ Jour de l'Octave.

97. — Vénération envers l'Eucharistie.

AIR Nᵒˢ 97, 225.

Courbons nos fronts respectueux ;
Sous ces voiles mystérieux,
L'amour cache le Roi des cieux,
Unissons nos joyeux cantiques
Aux accents des chœurs angéliques !

CHOEUR.

O Jésus ! nous le jurons tous,
Nous n'aimerons jamais que vous ;
O Jésus nous le jurons tous,
  O Jésus, ô Jésus,   } bis.
Nous n'aimerons jamais que vous.

Honneur au Pontife immortel
Qui, chaque jour au saint autel,
S'offre en sacrifice éternel :
Pour nous communiquer la vie,
Il vit et meurt en cette hostie.   O Jésus, etc.

Tendre Pasteur, de vos enfants
Ecoutez les humbles accents ;
Bénissez-les dans tous les temps ;
Ils vous ont loué dès l'aurore,
Le soir ils vous loueront encore.   O Jésus, etc.

4ᵉ Jour de l'Octave.

98. — Bienfaits de l'Eucharistie.

AIR Nᵒ 98.

Au Dieu d'amour gloire à toute heure,
Honneur à jamais en tous lieux !
Pour nous il abaisse les cieux ;
Près de nous il fait sa demeure.

REFRAIN.

Non, non, non, de tant de bienfaits
Ne perdons jamais la mémoire ;
Non, non, non, ne cessons jamais
De publier partout sa gloire.

Des grands, des puissants de la terre
Il ne cherche pas les palais ;
D'un cœur pur les tendres attraits
Ont seuls le bonheur de lui plaire.   Non, non, etc.

L'autel est son trône de grâce,
Il y règne au milieu de nous :
Son divin cœur, ouvert à tous,
Nous attend pour y prendre place.   Non, non, etc.

Oui, dans ce mystère adorable,
Jésus pour nous brûle d'amour ;
Pour lui désormais, en retour,
Brûlons d'un amour ineffable.   Non, non, etc.

Pleins d'une douce confiance,
Prosternons-nous à son autel,
Et qu'un dévouement éternel
Prouve notre reconnaissance.   Non, non, etc.

5ᵉ Jour de l'Octave.

O prodige d'amour, *page 66.*

6ᵉ Jour de l'Octave

99. — Louange à l'Eucharistie.

AIR Nᵒˢ 99, 190.

Dans ce profond mystère
Où la foi sait te voir,
Tout en nous te révère
Et fixe notre espoir.

CHOEUR.

A la fin de la vie,
Divine Eucharistie,
Nourris du pain de ton amour,
Dans la cité chérie
Nous te verrons un jour.

Les Anges en silence,
Au pied de son autel,
Tremblent en la présence
Du monarque éternel.
   A la fin, etc.

Puisse notre tendresse
Obtenir de ton cœur
La sublime sagesse
Qui mène au vrai bonheur !
   A la fin, etc.

Que tout en nous s'unisse
Pour chanter tes bienfaits.
Que ta bonté bénisse
Nos vœux et nos souhaits !
   A la fin, etc.

Sur nous daigne répandre
Tes bénédictions,
Et fais-nous bien comprendre
La grandeur de tes dons.
 A la fin, etc.

O divine Marie !
Prêtez-moi votre cœur.
Mon âme glorifie
Et bénit mon Sauveur.
 A la fin, etc.

De Sanducy.

7e Jour de l'Octave.

100. — Actions de grâces.

AIR N° 100.

O Roi des cieux !
Vous nous rendez tous heureux ;
Vous comblez tous nos vœux
En résidant pour nous dans ces lieux.

 Prodige d'amour,
  Dans ce séjour
Vous vous immolez pour nous chaque jour ;
  A l'homme mortel
Vous offrez un aliment éternel.   O Roi, etc.

 Seigneur, vos enfants
  Reconnaissants
Vous offrent les plus tendres sentiments ;
  Leurs cœurs sans retour
Veulent brûler du feu de votre amour.   O Roi, etc.

 Chantons tous en chœur
  Louange, honneur
A Jésus, notre aimable Rédempteur !
  Chantons à jamais
De son amour les éternels bienfaits.   O Roi, etc.

Octave de la Fête-Dieu.

101. — Triomphe de l'Eucharistie.

AIR N° 101.

Aux chants de la victoire
Mêlons des chants d'amour,
 En ce jour ;
Dieu descend de sa gloire
En cet heureux séjour.

Terre, frémis de crainte,
Voici le Dieu jaloux
 Près de nous :
Sous sa majesté sainte,
O cieux, abaissez-vous.

Qu'un nuage obscurcisse
L'éclat de ce grand Roi
   Devant moi :
Le soleil de justice
Luit toujours à ma foi.
Perçant les voiles sombres
Qui dérobent ses feux
   A mes yeux,
J'aperçois sous ces ombres
Le monarque des cieux.

En vain, foudres de guerre,
Vous semez sous vos pas
   Le trépas :
Jésus dompte la terre
Par de plus doux combats.
Son amour et ses charmes
Triomphent, comme aux cieux,
   En tous lieux :
C'est par ces seules armes
Qu'il est victorieux.

Ce doux vainqueur s'avance ;
Offrez, tendres enfants,
   Vos présents ;
Offrez de l'innocence
Et les vœux et l'encens.
Partout sur son passage
S'il voit voler vos fleurs
   Et vos cœurs,
Il paiera votre hommage
Des plus riches faveurs.

Va, mondain trop volage,
Va t'égarer encor
   Loin du port :
Dans un triste naufrage
Tu trouveras la mort.
Mais vous qui, sous ses ailes,
Jouissez des bienfaits
   De la paix,
Que vos cœurs soient fidèles,
Et l'aiment à jamais.

3ᵉ Dimanche après la Pentecôte.
102. — Retour à Dieu.
AIR N° 102.

En secret le Seigneur m'appelle,
Et me dit : Donne-moi ton cœur.
O mon Dieu, vous voilà vainqueur ;
  Je vous serai toujours fidèle :
O mon Dieu, vous voilà vainqueur ;
Le monde n'est qu'un perfide, un trompeur.

  Tout finit, tout nous abandonne ;
  Les plaisirs s'en vont et les jeux :
   Vous, Seigneur, n'êtes pas comme eux ;
  Prenez mon cœur, je vous le donne :
   Vous, Seigneur, n'êtes pas comme eux ;
  Pour vous seront désormais tous mes vœux.

  Malheureux qui veut plaire aux hommes !
  On n'a pas toujours leur faveur ;
  Mais pour être ami du Seigneur,

Quand nous le voulons nous le sommes ;
Mais pour être ami du Seigneur,
En un moment on obtient ce bonheur.

Ah ! Seigneur, dans votre service
On n'a point de fâcheux retours ;
On n'y connait point les détours
De la brigue et de l'artifice ;
On n'y connait point les détours ;
On voit couler tranquillement ses jours.

Ancienne, mais toujours nouvelle,
Ancienne et nouvelle beauté,
Je vous ai longtemps résisté,
J'étais un ingrat, un rebelle :
Je vous ai longtemps résisté ;
Enfin, mon Dieu, vous l'avez emporté.

4e Dimanche après la Pentecôte.
103. — Le Bonheur d'être à Dieu.
AIR N° 103.

Il n'est pour moi qu'un seul bien sur la terre,
Et c'est Dieu seul qui fait tout mon trésor.
Dieu seul, encore allège ma misère,
Et vers Dieu seul mon cœur prendra l'essor.
 Je bénis sa tendresse,
 Et répète sans cesse
Ce cri d'amour, cet élan d'un grand cœur :
Dieu seul, Dieu seul, voilà le vrai bonheur. (*bis.*)

Dieu seul enfin guérit toute blessure,
Dieu seul partout est un puissant secours ;
Dieu seul suffit à l'âme droite et pure,
Et c'est Dieu seul qu'elle cherche toujours.
 Répétons, ô mon âme,
 Ce chant qui seul enflamme,
Ce cri d'amour, ce cantique du cœur :
Dieu seul, Dieu seul, voilà le vrai bonheur. (*bis.*)

Quel déplaisir pourra jamais atteindre
Cet heureux cœur que Dieu seul peut charmer ?
Grand Dieu ! quels maux ce cœur pourra-t-il craindre ?

Il n'en est point pour qui sait vous aimer.
    Aimer un si bon père,
    C'est commencer sur terre
Ce chant d'amour de la sainte cité :
Dieu seul, Dieu seul pour une éternité.   (bis.)

Ou A servir le Seigneur, *page 2.*

5ᵉ Dimanche après la Pentecôte.
104. — Magnificence de la Création.
AIR Nº 118.

Au Dieu de l'univers
Que tous les peuples divers
Consacrent dans tous les temps
Leurs concerts, leurs vœux, leurs encens.
    Qu'à lui soit tout honneur ;
        Que tout être
    Loue et son auteur
        Et son maître ;
    Que toutes les voix
Chantent son saint nom à la fois.

    Seul il avait été,
Régnant sur l'éternité ;
Et tout, à lui seul présent,
Etait dans l'oubli du néant.
    Il dit, et sous ses yeux
        Naît le monde ;
    La terre et les cieux,
        L'air et l'onde,
    Tout le genre humain
Ne fut qu'un essai de sa main.

    O cieux ! produisez-vous :
Brillez, développez-nous
Ces traits de gloire entassés
Que ses doigts divins ont placés.
    Quel azur lumineux
        Vous colore !
    Quel essaim de feux
        Vous décore !

Que de fortes voix
Prêchent sa puissance à la fois!
Astre éclatant des jours!
Poursuis ton rapide cours;
Fais voir l'éclat de tes feux
Aux climats les plus ténébreux.
Étale ta splendeur
Sur les ondes;
Montre ta grandeur
Aux deux mondes;
Annonce en tout lieu
Que ton Créateur est seul Dieu.

Du bruit de sa grandeur
Portez au loin la terreur,
Nuages qu'un Dieu vengeur
Charge de sa juste fureur!
Que vos éclairs perçants,
Vos ténèbres,
Vos éclats bruyants
Et funèbres
Disent aux humains
Que la foudre n'est qu'en ses mains.

Chef-d'œuvre de ses mains!
Portrait de ses traits divins,
O toi pour qui sont éclos,
Homme, tant d'ouvrages si beaux,
Admire la splendeur
De ton être,
Mais rends-en l'honneur
A ton maître.
Poussière et néant,
Reconnais que lui seul est grand.

Ou Bravons les enfers, *page* 60.

6° Dimanche après la Pentecôte.

105. — Reconnaissance envers Jésus.

AIR N°ˢ 105, 23, 77, 96, 116, 120, 168, 214.

Oui, je l'entends, ta voix m'appelle,
L'aimable voix de tes bienfaits;

6

Pourrais-je encore être rebelle
A sa douceur, à ses attraits?

REFRAIN.

O Jésus, (*bis.*) tu veux que je t'aime,
Découvre-moi ton divin cœur, \
Et dans le mien, beauté suprême, > *bis.*
Naîtra l'amour et le bonheur. /

Eh quoi! de ta loi salutaire
L'éclat fatiguerait mes yeux!
Et je chercherais sur la terre
Des biens qu'on ne trouve qu'aux cieux !   O, etc.

Auteur souverain de mon être,
A toi je veux le consacrer :
Trop tard j'appris à te connaître,
Trop tard j'appris à t'adorer.   O Jésus, etc.

Ah! quand pourrai-je avec les anges,
Débarrassé de mes liens,
Et toujours chantant tes louanges,
Boire à la source des vrais biens !   O Jésus, etc.

P. LORIQUET.

Ou Jésus charme ma solitude, *page* 42.

7ᵉ Dimanche après la Pentecôte.

106. — Retour du Pécheur à Dieu.

AIR N° 226.

Dieu d'amour, un monde trompeur
M'avait séduit dès mon enfance,
Il avait corrompu mon cœur,
Il m'avait ravi l'innocence.

CHOEUR.

Monde imposteur,	Mais dès ce jour,
De mon malheur	Et sans retour,
Tu fus l'auteur :	Au Dieu d'amour
A Dieu je fus rebelle ;	Je veux être fidèle.

Je renonce à tes vains attraits,
Monde trompeur, monde volage ;
A mon Dieu je suis désormais,
Je l'ai choisi pour mon partage.   Monde, etc.

J'abjure ton frêle bonheur,
Et tout l'éclat qui t'environne ;
Jésus est le Roi de mon cœur ;
A son amour je m'abandonne.   Monde, etc.

Pardonnez, ô mon Rédempteur !
Ma trop coupable indifférence ;
Hélas ! je fus un grand pécheur,
Mais j'implore votre clémence.   Monde, etc.

Daignez, par votre Passion,
Rompre mes chaînes criminelles,
Et de la céleste Sion
M'ouvrir les portes éternelles.   Monde, etc.

Ou Faux plaisirs, vains honneurs, *page 47.*

8e Dimanche après la Pentecôte.
107. — Importance du Salut.
AIR N° 107.

Nous n'avons à faire
Que notre salut :   (*bis.*)
C'est là notre but,
C'est là notre unique affaire.

REFRAIN. Nous serons heureux
En cherchant les cieux.   (*bis.*)

Notre âme immortelle
Est faite pour Dieu ;
La terre est trop peu,
Ou plutôt n'est rien pour elle.   Nous, etc.

Prends pour toi la terre,
Avare indigent ;
Pour l'or et l'argent
Entreprends procès et guerre ;
Pour nous, plus heureux,
Nous cherchons les cieux.

Recherche, âme immonde,
Selon tes désirs,
Les plus vils plaisirs ;
Ils fuiront avec le monde.   Pour nous, etc.

Poursuis la fumée
D'un futile honneur,
Mondain, au bonheur
De quoi sert la renommée?   Pour nous, etc.

Au prix de la grâce,
Le reste n'est rien,
Ce n'est pas un bien
Dès lors qu'il trompe et qu'il passe.   Nous, etc.

Point d'autre excellence
Que l'humilité;
Notre pauvreté
Fait toute notre abondance.   Nous serons, etc.

Notre savoir faire
Est tout dans la croix :
Si nous sommes rois,
Ce n'est que sur le Calvaire.   Nous serons, etc.

Ou Travaillez à votre salut, *page 46.*

9° Dimanche après la Pentecôte.
108. — Zèle de la Maison de Dieu.
AIR N°° 108, 42.

Allons parer le sanctuaire,
Ornons à l'envi nos autels :
Jésus, du sein de la lumière,
Descend au milieu des mortels.

CHŒUR. Plus il s'abaisse,
Plus sa tendresse
Mérite un généreux retour.
A nos louanges,
O chœurs des anges!
Mêlez vos cantiques d'amour.   (*bis.*)

Baignons de pleurs l'auguste table
Où son sang coule encor pour nous,
Au pied de ce calvaire aimable,
Enfants de Dieu, prosternez-vous.

CHŒUR. De la justice,
Ce sacrifice

Arrête le bras irrité,
 Et sur le juste
 Sa voix auguste
Du Ciel appelle la bonté.   (bis.)

Accourons tous à l'arche sainte ;
Riches, ornez-la de présents :
Tous, saisis d'amour et de crainte,
Portons-y des cœurs innocents.

CHŒUR. L'or, la poussière,
 Dieu de lumière,
Devant toi sont du même prix :
 Un cœur qui t'aime,
 Beauté suprême,
Voilà les dons que tu chéris.   (bis.)

LE TOURNEUR.

Ou Pleins de ferveur, *page* 40.

10ᵉ Dimanche après la Pentecôte.
109. — Sentiments de Pénitence.

AIR Nᵒˢ 109, 82, 111, 113, 122, 162, 230.

Seigneur, Dieu de clémence,
Reçois ce grand pécheur,
A qui la pénitence
Touche aujourd'hui le cœur :
Vois d'un œil secourable
L'excès de son malheur,
Et d'un œil favorable
Accepte sa douleur.

Je suis un infidèle
Qui méconnus tes lois,
Un perfide, un rebelle,
Qui péchai mille fois :
Jamais dans l'innocence
Je n'ai coulé mes jours ;
Toujours plus d'une offense
En a terni le cours.

Chargé de mille crimes,
Souvent j'ai mérité
D'entrer dans les abîmes
Pour une éternité :
J'ai peu craint la colère
De ton bras irrité ;
Mais cependant j'espère,
Seigneur, en ta bonté.

Lorsqu'à ton indulgence
Un coupable a recours,
Des traits de ta vengeance
Ton cœur suspend le cours.
Rempli de confiance,
J'ose venir à toi :
Au nom de ta clémence,
Grand Dieu, pardonne-moi.

Fuis loin, péché funeste, | Péché, je te déteste,
Dont je fus trop charmé ; | Tu n'es plus rien pour moi ;
Péché, je te déteste | Le ciel, que j'en atteste,
Autant que je t'aimai. | Garantira ma foi.
O Dieu ! ô mon bon père, | Le Dieu qui me pardonne
Tu vois mon repentir : | Aura tout mon amour ;
Avant de te déplaire, | A lui seul je le donne
Plutôt, plutôt mourir. | Sans bornes, sans retour.

Ou Grand Dieu, mon cœur touché, *page* 55.

11ᵉ Dimanche après la Pentecôte.
110.—Louanges à Dieu.

AIR Nᵒˢ 110, 18,

Pécheurs, ne troublez plus les airs
Par une coupable harmonie ;
Le Dieu puissant de l'univers,
Ce Dieu qui nous donna la vie,
Seul est digne de nos concerts.

CHŒUR.

Sion, chante sa gloire, *(bis.)*
Que toujours ses bienfaits vivent dans ta mémoire. *(bis.)*

Ciel ! en quels transports enchanteurs
Me ravissent tes saints cantiques !
Mes yeux se remplissent de pleurs ;
Séjour des saints, tours magnifiques,
Quand verrai-je enfin vos splendeurs !   Sion, etc.

Ah ! préludons à ce beau jour ;
Animons nos voix innocentes ;
Brûlons, brûlons du pur amour ;
Les saints, de leurs voix triomphantes,
Nous répondront de leur séjour.   Sion, etc.

Venez, justes ; venez, pécheurs,
Bénir ce Dieu, la bonté même ;
Epris de ses pures douceurs,
Dites qu'il mérite qu'on l'aime ;
Tous enfin donnons-lui nos cœurs.   Sion, etc.

Ou Un fantôme brillant, *page* 43.

12e Dimanche après la Pentecôte.

111. — Désirs du Ciel.

AIR Nos 111, 82, 113, 160, 162, 165, 230.

Quand vous contemplerai-je,
O céleste séjour ?
Quand, ô mon Dieu, serai-je
Avec vous pour toujours ?

CHOEUR.
O régions si belles,
Où tout comble les vœux !
Ah ! que n'ai-je des ailes
Pour m'envoler aux cieux.

Ah ! comblez mon attente,
En m'attirant à vous ;
Mon âme languissante
Ne désire que vous.
   O régions, etc.

Partons donc, ô mon âme,
Quittons ces tristes lieux ;
D'une divine flamme
Allons brûler aux cieux.
   O régions, etc.

Non, non, toute la terre
Ne peut remplir mon cœur.
Qui peut me satisfaire ?
Vous seul, mon doux Sauveur.
   O régions, etc.

Je méprise la terre,
Ses biens et ses plaisirs ;
Rien ne saurait m'y plaire ;
Au ciel sont mes désirs.
   O régions, etc.

Le seul point nécessaire,
Oui, c'est le Paradis :
Voilà l'unique affaire !
Heureux qui l'a compris !
   O régions, etc.

Ou Sainte cité, demeure permanente, *page* 79.

13e Dimanche après la Pentecôte.

112. — Actions de grâces.

AIR Nos 112, 236.

Bénis mon âme, ah ! bénis le Seigneur ;
  Bénis son nom, chante sa gloire :
De ses bienfaits, dans le fond de ton cœur,
  Conserve à jamais la mémoire. (bis.) *fin.*
Il est ton Maître, et tu l'as outragé :
  Il te pardonne ton offense ;
Du triste abîme où ton cœur s'est plongé
  Il te sauve par sa clémence.   Bénis, etc.

Par ton péché tu t'es donné la mort,
  Sa charité te rend la vie ;

Il te conduit, du plus malheureux sort,
　Au sort le plus digne d'envie.　(*bis.*)
Es-tu malade ? il est ton médecin ;
　Pauvre ? il prévient ton indigence ;
Pour t'enrichir, sa libéra'e main
　Verse ses biens en abondance.　Bénis, etc.

De nos péchés le nombre et la grandeur
　N'épuisent point son indulgence :
S'il voit en nous le repentir du cœur,
　Le pardon suit la pénitence.　(*bis.*)
Pleurons, mon âme, et ce Dieu de bonté
　Viendra bientôt, par sa puissance,
Mettre entre nous et notre iniquité,
　De l'enfer au ciel, la distance.　Bénis, etc.

Ou Que Jésus est un bon Maître, *page* 74.

14ᵉ Dimanche après la Pentecôte.
113. — Confiance en la Providence.
AIR Nᵒˢ 113, 82, 111, 122, 162, 165, 230.

O douce Providence,
Dont les divines mains
Sur nous en abondance
Répandent tous les biens !
　　REFRAIN.
Qui pourrait méconnaître
L'auteur de ces présents,
Et ne pas se remettre　} *bis.*
Entre ses bras puissants ?

O sagesse profonde,
Qui veille en même temps
Sur les maîtres du monde
Et sur la fleur des champs !
　Qui, etc.

Dans toute la nature
On voit briller ses dons,
Jusque sur la verdure
Et l'émail des gazons.
　Qui, etc.

S'il verse ses richesses
Sur la fleur du printemps,
S'il étend ses largesses
Jusqu'à l'herbe des champs ;
　Qui, etc.

Oui, sa sollicitude
Veille à tous nos besoins ;
Sans nulle inquiétude
Jetons sur lui nos soins.
　Qui, etc.

Avant tout, ô mon âme,
Cherche sa sainte loi ;
Que son amour t'enflamme,
Tout le reste est à toi.
　Qui, etc.

Ou Heureux séjour de l'innocence, *page* 4.

15ᵉ Dimanche après la Pentecôte.
114. — Effets de la mort.

AIR Nº 114.

A la mort, à la mort,
  Pécheur tout finira ;
Le Seigneur, à la mort,
    Te jugera.

Il faut mourir, il faut mourir ;
De ce monde il nous faut sortir ;
Le triste arrêt en est porté,
Il faut qu'il soit exécuté.   A la mort, etc.

Comme une fleur qui se flétrit,
Ainsi bientôt l'homme périt ;
L'affreuse mort vient de ses jours,
Dans peu de temps, finir le cours.   A la mort, etc.

Pécheurs, approchez du cercueil,
Venez confondre votre orgueil :
Là tout ce qu'on estime tant
Est enfin réduit au néant.   A la mort, etc.

O vous qui suivez vos désirs,
Qui vous plongez dans les plaisirs,
Pour vous quel affreux changement
La mort va faire en ce moment !   A la mort, etc.

Adieu, famille, adieu, parents,
Adieu, chers amis, chers enfants :
Votre cœur se désolera ;
Mais enfin tout vous quittera.   A la mort, etc.

S'il fallait subir votre arrêt,
Chrétiens, qui de vous serait prêt ?
Combien dont le funeste sort
Serait une éternelle mort !   A la mort, etc.

                    VÉN. MONTFORT.

Ou De ce profond, de cet affreux abîme, *page* 56.

16ᵉ Dimanche après la Pentecôte.

115. — Le Prix des bonnes œuvres.

AIR Nᵒˢ 115, 2.

Le ciel en est le prix !
Que ces mots sont sublimes !
Des plus belles maximes
Voilà tout le précis :
Le ciel (*ter*) en est le prix. (*bis.*)

Le ciel en est le prix !
Mon âme, prends courage.
Ah ! si dans l'esclavage
Ici-bas tu gémis,
Le ciel (*ter*) en est le prix. (*bis.*)

Le ciel en est le prix !
Amusement frivole,
De grand cœur je t'immole
Au pied du crucifix :
Le ciel (*ter*) en est le prix. (*bis.*)

Le ciel en est le prix !
La loi demande-t-elle,
Fût-ce une bagatelle,
N'importe, j'obéis :
Le ciel (*ter*) en est le prix. (*bis.*)

Le ciel en est le prix !
Endurons cette injure ;
L'amour-propre en murmure,
Mais tout bas je lui dis :
Le ciel (*ter*) en est le prix. (*bis.*)

Le ciel en est le prix !
Dans l'éternel empire,
Qu'il sera doux de dire :
Tous mes maux sont finis ;
Le ciel (*ter*) en est le prix. (*bis.*)

Ou, Heureux qui dès son enfance, *page 45.*

17ᵉ Dimanche après la Pentecôte.

116. — Bonheur d'aimer Dieu.

AIR Nᵒˢ 116, 23, 77, 96, 161, 214, 238.

Heureux qui goûte les doux charmes
De l'aimable et céleste amour !
Son cœur, d'une paix sans alarmes,
Devient le tranquille séjour.

REFRAIN.

Esprit Saint, descends sur la terre,
Embrase-la d'un si beau feu ;
Ah ! s'il est doux d'aimer un père,
Comment (*bis*) ne pas aimer un Dieu ? (*bis.*)

O vous que l'infortune afflige,
Ne craignez point votre douleur :

L'amour opère tout prodige,
Il change nos maux en bonheur.   Esprit, etc

Je le sens cet amour extrême,
Il me prévient de sa douceur;
Mais pour t'aimer, bonté suprême,
Non, ce n'est point assez d'un cœur.   Esprit, etc.

Ou Goûtez, âmes ferventes, *page 75.*

18e Dimanche après la Pentecôte.
117. — Bonté de Dieu.
AIR Nos 53, 89, 167.

REF.
{ Amour et reconnaissance
Au Dieu digne de nos chants!
Offrons tous à sa clémence
Et nos vœux et nos accents! }

Grand Dieu! partout dans la nature
Je vois briller vos traits divins;
Il n'est aucune créature
Sur laquelle ils ne soient empreints.   Amour, etc.

Aux cieux que de magnificence!
Dans l'univers que de splendeur!
Que les dons de votre clémence
Produisent en moi de grandeur!   Amour, etc.

Des premiers jours de mon enfance
Les charmes, les jeux innocents,
Pour moi de votre providence
Sont encor des bienfaits touchants.   Amour, etc.

Si dans le sein de la lumière
J'appris, Seigneur, vos saintes lois,
Si je crois, si j'aime et j'espère,
C'est à vous seul que je le dois.   Amour, etc.

Pour couronner votre tendresse,
Souvent vous venez dans nos cœurs:
Aidez, grand Dieu! notre faiblesse
A célébrer tant de faveurs!   Amour, etc.

Ou Jésus, ô mon Sauveur, *page 37.*

19ᵉ Dimanche après la Pentecôte.
118. — Vanités du monde.

AIR Nº 118.

Tout n'est que vanité,
Mensonge, fragilité,
Dans tous ces objets divers
Qu'offre à nos regards l'univers.
Tous ces brillants dehors,
Cette pompe,
Ces biens, ces trésors,
Tout nous trompe,
Tout nous éblouit,
Mais tout nous échappe et nous fuit.

Telles qu'on voit les fleurs,
Avec leurs vives couleurs,
Eclore, s'épanouir,
Se faner, tomber et périr :
Tel est des vains attraits
Le partage;
Tels l'éclat, les traits
Du bel âge,
Après quelques jours,
Perdent leur beauté pour toujours.

En vain pour être heureux,
Le jeune voluptueux
Se plonge dans les douceurs
Qu'offrent les mondains séducteurs;
Plus il suit les plaisirs
Qui l'enchantent,
Et moins ses désirs
Se contentent :
Le bonheur le fuit
A mesure qu'il le poursuit.

Que doivent devenir,
Pour l'homme qui doit mourir,
Ces biens longtemps amassés,
Cet argent, cet or entassés?
Fût-il du genre humain
Seul le maître,

Pour lui tout enfin
 Cesse d'être;
 Au jour de son deuil,
Il n'a plus à lui qu'un cercueil.

Que sont tous ces honneurs,
Ces titres, ces noms flatteurs?
Où vont de l'ambitieux
Les projets, les soins et les vœux?
 Vaine ombre, pur néant,
  Vil atome,
 Mensonge amusant,
  Vrai fantôme
 Qui s'évanouit
Après qu'il l'a toujours séduit.

J'ai vu l'impie heureux
Porter son air fastueux
Et son front audacieux
Au dessus du cèdre orgueilleux;
 Au loin tout révérait
  Sa puissance,
 Et tout redoutait
  Sa présence;
 Je passe, et soudain
Il n'est plus, je le cherche en vain.

Que sont donc devenus
Ces grands, ces guerriers connus,
Ces hommes dont les exploits
Ont soumis la terre à leurs lois?
 Les traits éblouissants
  De leur gloire,
 Leurs noms florissants,
  Leur mémoire,
 Avec les héros
Sont entrés au sein des tombeaux.

Arbitre des humains,
Dieu seul tient entre ses mains
Les événements divers
Et le sort de tout l'univers;
 Seul il n'a qu'à parler,
  Et la foudre

7

Va frapper, briser,
 Mettre en poudre
 Les plus grands héros,
Comme les plus vils vermisseaux.
 La mort dans son courroux,
 Dispense à son gré ses coups,
 N'épargne ni le haut rang,
 Ni l'éclat auguste du sang.
 Tout doit un jour mourir,
 Tout succombe,
 Tout doit s'engloutir
 Dans la tombe :
 Les sujets, les rois,
Iront s'y confondre à la fois.

 Oui, la mort, à son choix,
 A soumis tout à ses lois,
 Et l'homme ne fut jamais
 A l'abri d'un seul de ses traits :
 Comme sur son retour
  La vieillesse,
 Dans son plus beau jour
  La jeunesse,
 L'enfance au berceau,
Trouvent tour à tour le tombeau.

         Vén. Montfort.

Ou Ce bas séjour n'est qu'un pélerinage, *page* 48.

20ᵉ Dimanche après la Pentecôte.
119. — Protestation de fidélité.

AIR Nᵒˢ 119, 1, 17, 65, 67, 184, 194, 235, 248.

Le monde en vain, par ses biens et ses charmes,
Veut m'engager à plier sous sa loi ;
Mais, pour me vaincre, il faut bien d'autres armes ;
Je ne crains rien, (*bis.*) Jésus est avec moi. (*bis.*)

Venez, venez, fiers enfants de la terre ;
Déchaînez-vous pour me remplir d'effroi :
Quand, de concert, vous me feriez la guerre,
Je ne crains rien, (*bis.*) Jésus est avec moi. (*bis.*)

Cruel Satan, arme-toi de ta rage;
Que tes démons se liguent avec toi :
Tu ne pourras abattre mon courage;
Je ne crains rien, (bis.) Jésus est avec moi.   (bis.)

Non, non, jamais la mort la plus cruelle
Ne me fera trahir ce divin Roi :
Jusqu'au trépas je lui serai fidèle;
Je ne crains rien, (bis.) Jésus est avec moi.   (bis.)

Que les enfers, les airs, la terre et l'onde,
Conspirent tous à me remplir d'effroi;
Quand je verrais sur moi crouler le monde,
Je ne crains rien, (bis.) Jésus est avec moi.   (bis.)

Divin Jésus, mon unique espérance,
Vous pouvez tout; oui, Seigneur, je le crois :
Augmentez donc pour vous ma confiance.
Je ne crains rien, (bis.) Jésus est avec moi.   (bis.)

Ou Oui, je l'entends ta voix, *page* 97.

21ᵉ Dimanche après la Pentecôte.
120. — Sentiments de reconnaissance.
AIR Nᵒˢ 120, 4, 23, 77, 96, 105, 116, 161, 238.

Seigneur, dès ma première enfance
Tu me prévins de tes bienfaits;
Heureux si ma reconnaissance
Dans mon cœur les grave à jamais!

REFRAIN.

Le monde trompeur et volage
En vain m'offrirait sa faveur;
Tout mon désir, tout mon partage   } *bis.*
Est de n'aimer que le Seigneur.

Dieu règne en père dans mon âme;
Il en remplit tous les désirs,
Et l'amour pur dont il m'enflamme
Vaut seul mieux que tous les plaisirs.
   Le monde, etc.

Si je m'égare, il me rappelle;
Si je tombe, il me tend la main;

Il me protége sous son aile,
Il me renferme dans son sein.
   Le monde, etc.

Si je suis constant et fidèle
A conserver son saint amour,
Une récompense éternelle
M'attend dans son divin séjour.
   Le monde, etc.

Chrétiens, ne chérissons la vie
Que pour aimer et pour gémir.
Nos pleurs nous ouvrent la patrie;
Aimons jusqu'au dernier soupir.
   Le monde, etc.

Ou Dieu d'amour, un monde trompeur, *page* 98.

22ᵉ Dimanche après la Pentecôte.

121. — Sur la loi du Seigneur.

AIR N° 121; sans refrain Nᵒˢ 1, 67, 119, 194, 235, 248.

REFRAIN.
Ecoute, âme fidèle, écoute
  La voix de ton créateur;
Ecoute, âme fidèle, écoute
  Les leçons de ton Sauveur.   *(Fin.)*
    Grave dans ton cœur
    Ses commandements,
    Qui dans tous les temps
    Feront ton bonheur.   Ecoute, etc.

Je suis ton Dieu, je viens te faire entendre,
Du haut du Ciel, mes saints commandements;
Ils sont dictés par l'amour le plus tendre;
Observe-les en tous lieux, en tout temps.
   Ecoute, etc.

Sois plein d'amour pour ton Dieu, pour ton Père,
Qu'il règne seul au milieu de ton cœur;
Que ton désir soit toujours de lui plaire
Et de placer en lui seul ton bonheur.
   Ecoute, etc.

Enfants du Ciel, tous les hommes sont frères:
Par tes bienfaits prouve-leur ton amour;

Si tu le peux, soulage leurs misères ;
Assiste-les sans espoir de retour.
 Ecoute, etc.

Toute la loi dans l'amour se résume ;
Heureux celui qui sait bien l'accomplir,
Et dont la vie chaque jour se consume
A louer Dieu, à le faire servir !
 Ecoute, etc.

Ou Il n'est pour moi, *page* 95.

23ᵉ Dimanche après la Pentecôte.
122. — Invitation à servir Dieu.
AIR Nᵒˢ 122, 82, 109, 111, 113, 162, 230.

Le temps de la jeunesse
Passe comme une fleur :
Hâtez-vous, le temps presse ;
Donnez-vous au Seigneur :
Tout se change en délices,
Quand on veut le servir ;
Les plus grands sacrifices
Font les plus doux plaisirs,

N'attendez pas cet âge
Où les hommes n'ont plus
Ni force ni courage
Pour les grandes vertus :
C'est faire un sacrifice
Qui vous a peu coûté,
Que de quitter le vice
Lorsqu'il n'est plus goûté.

Prévenez la vieillesse,
Cette triste saison ;
Le temps de la jeunesse
Est un temps de moisson ;
Le Sauveur nous menace
D'une fatale nuit,
Où, quoi que l'homme fasse,
Il travaille sans fruit.

Que de pleurs et de larmes
Il nous coûte au trépas,
Ce monde dont les charmes
Nous trompent ici-bas !
D'agréables promesses
Il nous flatte d'abord ;
Par ses fausses caresses
Il nous donne la mort.

Eussiez-vous en partage
Du monde la faveur,
Serait-ce un avantage
Sans l'amour du Seigneur ?
Quelle folie extrême
De gagner l'univers,
Et s'exposer soi-même
Aux tourments des enfers.

Pourquoi tant vous promettre
De vivre longuement ?
Demain sera peut-être
Votre dernier instant.
Craignons que de la grâce
Dieu ne change le cours,
Qu'un autre à notre place
Ne soit mis pour toujours.

Ou Nous n'avons à faire, *page* 99.

24ᵉ Dimanche après la Pentecôte.

123. — Jugement des Impies.
AIR Nº 123.

Paraissez, Roi des rois ; venez, Juge suprême,
    Faire éclater votre courroux
  Contre l'orgueil et le blasphème
    De l'impie armé contre vous.
CH. Le Dieu de l'univers est le Dieu des vengeances.
Le pouvoir et le droit de punir les offenses
    N'appartient qu'à ce Dieu jaloux.

Jusques à quand, Seigneur, souffrirez-vous l'ivresse
    De ces superbes criminels,
  De qui la malice transgresse
    Vos ordres les plus solennels,
CH. Et dont l'impiété barbare et tyrannique
Au crime ajoute encor le mépris ironique
    De vos préceptes éternels ?

Ne songeons, ont-ils dit, quelque prix qu'il en coûte,
    Qu'à nous ménager d'heureux jours ;
  Du haut de la céleste voûte
    Dieu n'entendra pas nos discours.
CH. Nos offenses par lui ne seront point punies ;
Il ne les verra point, et de nos tyrannies
    Il n'arrêtera pas le cours.

Quel charme vous séduit ? quel démon vous conseille,
    Hommes imbéciles et fous ?
  Celui qui forma votre oreille
    Sera sans oreille pour vous !
CH. Celui qui fit vos yeux ne verra point vos crimes !
Lui qui plonge les rois dans le fond des abîmes,
    Pour vous seuls retiendra ses coups !

Il voit, n'en doutez point, il entend toute chose ;
    Il lit jusqu'au fond de vos cœurs.
  L'artifice en vain se propose
    D'éluder ses arrêts vengeurs.
CH. Rien n'échappe aux regards de ce Juge sévère ;
Le repentir lui seul peut calmer sa colère
    Et fléchir ses justes rigueurs.

Toujours à vos élus l'envieuse malice
    Tendra ses filets captieux :
    Et toujours votre loi propice
    Confondra les audacieux.
BH. Vous anéantirez ceux qui vous font la guerre,
Et, si l'impiété vous juge sur la terre,
    Vous la jugerez dans les cieux.   J. B. ROUSSEAU.

Ou Dieu va déployer sa puissance, *page 13.*

Dédicace de l'Église et Octave.
184. — Sainteté de nos Églises.
AIR N° 72.

C'est ici la maison du Monarque du ciel ;
C'est son temple. Lui-même est le prêtre et l'hostie.
C'est ici qu'à nos yeux chaque jour l'Immortel
Meurt pour nous, et sa mort nous procure la vie.

REF. { O Dieu du ciel, pour tant d'amour,
    { Nos cœurs sont à toi sans retour. } *bis.*

O merveilleux séjour, d'un Dieu même habité !
Celui que ne contient ni le ciel ni la terre,
Le Très-Haut, l'Etre grand, immense, illimité,
Dans cette étroite enceinte habite et se resserre !
    O Dieu, etc.

C'est ici qu'aux cœurs purs ce Dieu d'amour s'unit :
Ici du doux Jésus triomphe la tendresse.
C'est un père au milieu des enfants qu'il chérit,
Se faisant un bonheur d'être avec eux sans cesse.
    O Dieu, etc.

Loin d'ici les impurs ! Que nul audacieux
N'approche de l'autel, sans laver sa souillure.
Ici, la verge en main, l'ange mystérieux
Surveille le perfide, et punit l'âme impure.

    O Dieu d'amour, pour le pécheur
    Grâce ! grâce ! change son cœur. } *bis.*

Gloire à toi, Père saint ! Gloire à toi, divin Fils,
En qui le Père vit, habite et se contemple !
Gloire à toi, nœud vivant, qui tous deux les unis :
Amour, qui dans nos cœurs daignes te faire un temple !
    O Dieu du ciel, etc.

125. — MÊME SUJET.

AIR Nos 125, 173, 140, 218.

Temple, témoin des premiers vœux
Et du bonheur de l'innocence,
Je te dois, image des cieux,
Les plus beaux jours de mon enfance.

REFRAIN.

Inspire-moi des chants divins,
Sainte Sion, ô ma Patrie.
Et retentis des doux refrains :
Vive Jésus, vive Marie. (*bis.*)

Ces fonts ont reçu mes serments,
Serments nouveaux, qu'en traits de flamme,
Pour affermir mes sentiments,
L'amour a gravés dans mon âme. Inspire-moi, etc.

Pontife et victime d'amour,
Sur l'autel, le Sauveur lui-même
Vient, en s'immolant chaque jour,
Donner la vie à ceux qu'il aime. Inspire-moi, etc.

C'est ici que Dieu s'est montré
Prodige touchant de tendresse ;
C'est là qu'à son banquet sacré
Il renouvelle ma jeunesse. Inspire-moi, etc.

Temple auguste de l'Eternel
Et de sa puissance infinie,
Consacre ce jour solennel
Par la plus touchante harmonie. Inspire-moi, etc.

Sous tes portiques révérés,
Où nous venons courber nos têtes,
Que toujours tes échos sacrés
Répètent nos hymnes de fêtes ! Inspire-moi, etc.

Ou Chantons, chantons ; ah ! quel beau jour, (Voir la table.)

DEUXIÈME PARTIE.

PROPRE DES SAINTS.

126. — S. François-Xavier.

AIR Nos 209, 226.

Assis à l'ombre de la mort,
Enseveli dans l'ignorance,
Peuple indien, quel triste sort !
D'où viendra votre délivrance ?

REFRAIN.

Gloire à Xavier, le vainqueur des enfers !
  Chantons tous sa victoire ;
Suivons ses pas, marchons, brisons nos fers ;
  La croix mène à la gloire. (*bis.*)

Qui pourra, d'entre les mortels,
Abolir ces rites frivoles ?
Qui renversera ces autels
Où règnent d'infâmes idoles.   Gloire, etc.

Dieu parle, et Xavier, à sa voix,
S'élance aux confins de la terre.
Il va seul, armé d'une croix,
A Satan déclarer la guerre.   Gloire, etc.

Oui, plus de cent peuples divers
De ses travaux sont la conquête.
Riche d'un nouvel univers,
L'Eglise a relevé sa tête.   Gloire, etc.

Xavier, en tout temps, en tout lieu,
Reçois notre ardente prière :
Nous voulons tous, enfants de Dieu,
Vivre et mourir sous ta bannière.   Gloire, etc.

         G. MASSART.

127. — S. Nicolas.

AIR N° 127.

En ce jour solennel,
Venez, rendons hommage
Au Patron de notre âge,
Au pied de son autel.

CHOEUR.

Du séjour de la gloire
Il protège nos pas ;
Célébrons sa mémoire,
Ses vertus, ses combats.

Quels exemples touchants
De vertu, d'innocence
Il donne à notre enfance
Dès ses plus tendres ans.
Du séjour, etc.

Brûlant des plus doux feux,
Au printemps de sa vie
Son âme est embellie
De tous les dons des cieux.
Du séjour, etc.

De cent peuples divers,
Par l'ardeur de ton zèle,
Tu vas, Pasteur fidèle,
Bientôt briser les fers.
Du séjour, etc.

Ah ! sauve du danger
Tout ce troupeau timide ;
Grand saint, sous ton égide
Nous venons nous ranger.
Du séjour, etc.   **

128. — MÊME SUJET.

AIR N° 141.

Grand saint, du séjour de la gloire
Porte les regards jusqu'à nous !
A jamais ta douce mémoire
Vivra dans notre cœur, nous te le jurons tous.

REFRAIN. Au saint Patron de la jeunesse   (bis.)
   Offrons les vœux les plus ardents.
   Pour Dieu célébrons sa tendresse
 Et son amour pour les jeunes enfants.   (bis.)

Ton amour pour la pénitence
Nous confond et nous fait rougir :
A peine au sortir de l'enfance
Tu mets tout ton bonheur à pleurer, à souffrir.
 Au saint patron, etc.

La charité brille en ton âme
L'amour divin brûle ton cœur ;
Ces deux vertus en traits de flamme
Brillent à nos regards et doublent notre ardeur.
 Au saint patron, etc.

Au troupeau chéri qu'on te donne
Tu prodigues tes soins touchants ;
A ta voix Dieu s'apaise ou tonne,
Et toujours pour le bien de tes tendres enfants.
Au saint patron, etc.

Et nous aussi sous ton égide,
Grand Saint, nous venons nous ranger ;
Protège ce troupeau timide
Qui brave sous ton aile et péril et danger.
Au saint patron, etc.

129. — Conception de la T. S. Vierge.

AIR N° 129 ; sans refrain N°s 23, 96, 105, 116, 161, 238.

De tes enfants reçois l'hommage,
Prête l'oreille à leurs accents :
Seigneur, c'est ton plus noble ouvrage
Qu'ils vont célébrer dans leurs chants.
Ranimé par ta main puissante,
Plein d'un espoir consolateur,
David de sa tige mourante
Voit germer la plus belle fleur.   (bis.)

CHŒUR.

Pleine de grâce, ô Vierge incomparable !
L'honneur, la gloire et l'appui d'Israël,
Jetez sur nous un regard favorable ;
De cet exil conduisez-nous au ciel.   bis.)

Des misères et des alarmes
Cette terre était le séjour ;
Mais le ciel, pour tarir nos larmes,
Nous donne une Mère en ce jour :
Chantons cette Mère chérie,
Offrons-lui le don de nos cœurs,
Et que notre bouche publie
Et ses charmes et ses grandeurs. (bis.) Pleine, etc.

Elle est pure comme l'aurore
Qui luit dans un brillant lointain,
Comme le lis qu'on voit éclore
Dans la fraîcheur d'un beau matin
Et jusqu'aux sources de la vie,

Par un prodige sans égal,
Son âme ne fut point flétrie
Du souffle empoisonné du mal. (*bis.*) Pleine, etc.

Ainsi qu'un palmier solitaire
Qui croit sur le courant des eaux,
Et tous les ans donne à la terre
Des fleurs avec des fruits nouveaux ;
Ainsi, loin d'un monde volage,
Marie accomplit son destin,
Et tous les peuples, d'âge en âge,
Béniront le fruit de son sein. (*bis.*) Pleine, etc.

Autres cantiques pour la Conception. (Voir le mois de mai.)

130. — Octave de la Conception.
AIR N° 130.

REFRAIN.
Souvenez-vous, ô tendre Mère,
Qu'on n'eut jamais recours à vous
Sans voir exaucer sa prière,
Et dans ce jour exaucez-nous!   (*bis.*)

Des siècles écoulés j'interroge l'histoire ;
Pour dire ses bienfaits ils n'ont tous qu'une voix.
Verrai-je en un seul jour s'obscurcir tant de gloire?
L'invoquerai-je en vain (pour la première fois.   *bis.*)
    Souvenez-vous, etc.

Marie aux vœux de tous prête toujours l'oreille.
Le juste est son enfant, il peut tout sur son cœur ;
Mais auprès du pécheur jour et nuit elle veille :
Il est son fils aussi (l'enfant de sa douleur!...   *bis.*)
    Souvenez-vous, etc.

Et moi, de mes péchés traînant la longue chaîne,
Vierge sainte, à vos pieds j'implore mon pardon ;
Me voici tout tremblant, et je n'ose qu'à peine
Lever les yeux vers vous, (prononcer votre nom.   *bis.*)
    Souvenez-vous, etc.

Mais quoi! je sens mon cœur s'ouvrir à l'espérance ;
Il retrouve la paix, il palpite d'amour ;
Je n'ai pas vainement imploré sa clémence,
La Mère de Jésus (est ma Mère en ce jour.   *bis.*)
    Souvenez-vous, etc.

Mes vœux sont exaucés, puisque j'aime ma mère,
Et que d'un feu si doux je me sens enflammé ;
Je dirai donc aussi que malgré ma misère
Son cœur m'a répondu (quand je l'ai réclamé. *bis.*)
    Souvenez-vous, etc.

Je n'ai plus qu'un désir à former sur la terre ;
O ma mère ! mettez le comble à vos bienfaits :
Que j'expire à vos pieds, et dans ce sanctuaire,
Si je ne dois au ciel (vous aimer à jamais ! *bis.*)
    Souvenez-vous, etc.

L'abbé LEFEBVRE.

181. — Présentation de Notre Seigneur.

AIR N°s 214, 132, 23, 77, 95, 161, 168, 238.

Quel amour ! quel amour extrême !
L'Éternel est adorateur ;
Il s'offre dans le temple même
Victime et sacrificateur.

REFRAIN.

Dans ce jour d'heureuse mémoire,
Un Dieu s'humilie à nos yeux ;
Quittant le trône de sa gloire, } *bis.*
Il se fait victime en ces lieux.

Dieu fait enfant, Verbe adorable,
Il voile sa divinité ;
Et comme l'esclave coupable
Le Rédempteur est racheté.   O jour, etc.

Mère d'amour, Mère fidèle,
Tu présentes ce premier né
Qui forme une offrande nouvelle
Dont le Ciel même est étonné.   O jour, etc.

Ah ! quelle humilité profonde !
Pourquoi te soumettre à la loi ?
Mère d'un Dieu, Vierge féconde,
Les Anges sont moins purs que toi.   O jour, etc.

Aimable Esther, sois-nous propice
Auprès du Dieu de majesté ;
Et fais que la paix nous unisse
Par les nœuds de la charité.   O jour, etc.

132. — S. Joseph.

AIR N°s 132, 4, 23, 222, 77, 168, 214, 238.

Chaste Epoux d'une vierge mère
Qui nous adopta pour enfants,
Vous êtes aussi notre père,
Vous en avez les sentiments !

REF.
Puissant protecteur de l'enfance,
Bienheureux gardien de Jésus,
Obtenez-nous son innocence,
Faites naître en nous ses vertus.

Vous nous direz comment on l'aime,
Comment il reçoit notre amour,
Comment pour sa beauté suprême
Tout cœur doit brûler chaque jour.   Puissant, etc.

Vous nous apprendrez son silence,
Sa douceur, son humilité,
Son admirable obéissance
Et son immense charité.   Puissant, etc.

Daignez tous les jours de ma vie
Veiller sur moi, me secourir,
Et qu'entre Jésus et Marie
Comme vous je puisse mourir.   Puissant, etc.

Le Tourneur.

133. — MÊME SUJET.

AIR N° 141.

Grand Saint, dont la douce mémoire
Nous rassemble au pied des autels,
Aujourd'hui du sein de la gloire
Jette un tendre regard sur de faibles mortels.

REF.
Chaste Epoux de l'humble Marie,   (bis.)
Vers Dieu protège mon retour :
Par toi qu'au terme de la vie
J'arrive enfin au céleste séjour.   (bis.)

L'éclat d'une illustre origine
N'enivre pas ton noble cœur ;
Plein de la Majesté divine,
Tu n'as rien vu de grand que ton Dieu, ton Sauveur.
Chaste Epoux, etc.

Enfin, pénétrant le mystère
Qui nous donne le Rédempteur,
De la Vierge, sa tendre Mère,
Tu deviens le soutien et le consolateur.
  Chaste Epoux, etc.

Après des jours si pleins d'alarmes,
Ton Fils a couronné tes vœux ;
Du vrai repos goûtant les charmes,
Avec le Roi des rois tu règnes dans les cieux.
  Chaste Epoux, etc.

Rangé sous ta noble bannière,
J'implore aujourd'hui ta faveur ;
Joseph, à ta seule prière
Toujours Dieu s'attendrit, et fait grâce au pécheur.
  Chaste Epoux, etc.

134. — MÊME SUJET.

AIR : *Pourquoi cette vive allégresse.* N°s 134, 233.

O toi, digne Epoux de Marie,
Fidèle gardien de Jésus,
Dont le ciel embellit la vie
Des plus éminentes vertus.
Saint Patriarche, ô notre Père,
Noble héritier de tant de rois,
Que ta protection tutélaire
Sur nos cœurs te donne de droits !

CHŒUR.
 Peuples, célébrons sa mémoire,
 Consacrons-lui nos saints transports :
 Anges, du séjour de la gloire,
 Unissez-vous à nos accords.

Dans cet ineffable mystère
Qui s'accomplit pour les humains,
Joseph est le dépositaire
Des trésors, des secrets divins :
Déjà je vois le Roi suprême,
Le Dieu du ciel, le Tout-Puissant,
Se rendre à ses ordres lui-même,
Toujours soumis, obéissant. *Peuples,* etc.

Notre âme, ô Joseph, se confie
Aux soins de ton cœur paternel ;

Nous te consacrons notre vie,
Veille sur nous du haut du ciel :
Mille dangers, sur cette terre,
Environnent tous nos instants ;
Que toujours ta main tutélaire
Protège tes faibles enfants !

Peuples, etc.

135. — A la Sainte Famille.

AIR N°s 82, 111, 122, 162, 165, 230, 211.

Ton épouse chérie,
Grand saint, fait ton bonheur;
Digne Epoux de Marie,
Tu possèdes son cœur,
Et ton crédit suprême,
Aujourd'hui dans les cieux,
Est encore le même !
Qu'il fut en ces bas lieux.

De ton Epouse aimable,
Oui, c'est le chaste Cœur ;
De ce bien désirable
Le Ciel est possesseur.
Apprends-lui que je l'aime,
Et demande en retour.
Demande pour moi-même
Un peu de son amour.

O Famille céleste,
Loin du divin séjour,
J'oublierai tout le reste.
Si j'obtiens votre amour.
Doux espoir de ma vie
Et mon unique bien,
Contentez mon envie,
Et je ne veux plus rien.

O Trinité chérie,
Délices des élus !
O Joseph ! ô Marie !
O mon divin Jésus !
Vous, mon bonheur suprême,
Vous, mes tendres amours,
Oui, mon cœur, qui vous aime,
Vous aimera toujours.

136. — L'Annonciation.

AIR N° 136.

A la Reine des cieux offrons un tendre hommage,
Réunissons pour elle et nos voix et nos cœurs. (bis.)

   A chanter ses grandeurs
Consacrons la fleur de notre âge. A la Reine, etc.

Heureux celui qui, dès l'enfance,
Lui fait de soi-même le don,
   Et met son innocence
A l'abri de son nom. A la Reine, etc.

Aux yeux du Tout-Puissant elle fut toujours pure :
Chantons sur le péché son triomphe éclatant. *(bis.)*

    Son cœur, même un instant,
Ne reçut jamais de souillure.   Aux yeux, etc.

Plus sainte que les chœurs des Anges,
Des trônes et des chérubins,
    Elle a droit aux louanges.
    Des mortels et des saints.   Aux yeux, etc.

Le Dieu de sainteté la choisit pour sa mère ;
Rendons, rendons hommage à sa maternité ! *(bis.)*

    Par son humilité,
A ses yeux purs elle sut plaire.   Le Dieu, etc.

Elle fut épouse et féconde,
    Sans nuire à sa virginité,
    Et le Sauveur du monde
    De ses flancs nous est né.   Le Dieu, etc.

O Vierge toujours sainte ! ô Mère toujours tendre !
Soyez, soyez propice aux vœux de vos enfants. *(bis.)*

    Que sur nos jeunes ans
Vos faveurs viennent se répandre !   O Vierge, etc.

De votre bonté salutaire
Daignez nous prêter le secours ;
    Montrez-vous notre mère,
    Dans l'enfance et toujours.   O Vierge, etc.

137. — Ave, Maria.

AIR N° 137.

Salut, ô Marie !
De grâce remplie ;
O fille chérie
Du Dieu créateur. *(Fin.)*
Salut, etc.

Seule entre les femmes,
Dont les chastes flammes
Offrent à nos âmes
L'Enfant rédempteur.
Salut, etc.

Que notre prière,
Douce et sainte Mère,
Rende un ciel sur terre
Au pauvre pécheur.
Salut, etc.

Et qu'à l'instant même
Comme à l'heure extrême,
Si son cœur vous aime,
Il ait votre cœur !
Salut, etc.

188. — L'Invention de la Sainte Croix.

AIR N°s 138, 26, 54, 202.

Aimons Jésus pour nous en croix :
N'est-il pas bien juste qu'on l'aime,
Puisqu'en expirant sur ce bois
Il nous aima plus que lui-même ?

REFRAIN.

Chrétiens, chantons à haute voix : }
Vive Jésus, vive sa croix ! } *bis.*

Gloire à cette divine croix !
Le Sauveur l'ayant épousée,
Elle n'est plus, comme autrefois,
Un objet d'horreur, de risée.   Chrétiens, etc.

Gloire à cette divine croix,
Arbre dont le fruit salutaire
Répare le mal qu'autrefois
Fit le péché du premier père !   Chrétiens, etc.

Gloire à cette divine croix,
De tous nos biens source féconde,
Qui, dans le sang du Roi des rois,
A lavé les péchés du monde !   Chrétiens, etc.

Gloire à cette divine croix,
La chaire de son éloquence,
Où, me prêchant ce que je crois,
Il m'apprend tout par son silence !   Chrétiens, etc.

Gloire à cette divine croix !
Ce n'est pas le bois que j'adore,
Mais c'est mon Sauveur, sur ce bois,
Que je révère et que j'implore.   Chrétiens, etc.

189. — S. Louis de Gonzague.

AIR N° 139.

Heureux enfants, accourez tous,
A Louis venez rendre hommage,
De vos amis c'est le plus doux.
Heureux enfants, accourez tous ;
A son culte consacrez-vous,   } *bis.*
Il est le patron de votre âge.

Astre brillant dès son matin,
Son lever n'a pas eu d'aurore:
Il fut toujours pur et serein.
Astre brillant dès son matin,
Bientôt il touche à son déclin, } *bis.*
Plus beau, plus radieux encore.

Tout à ses yeux est vanité :
Il foule aux pieds le diadème;
Jeunesse, esprit, talents, beauté,
Tout à ses yeux est vanité;
Son unique félicité } *bis.*
Est de jouir du Dieu qu'il aime.

Montez au ciel, enfant d'amour,
Allez régner avec les Anges :
Quittez ce terrestre séjour.
Montez au ciel, enfant d'amour;
Que les mortels en ce beau jour } *bis.*
Célèbrent partout vos louanges !

Portes de Sion, ouvrez-vous,
C'est Louis, enfant de Marie;
Cet Ange s'éloigne de nous.
Portes de Sion, ouvrez-vous;
Le ciel de la terre jaloux } *bis.*
Le rappelle dans sa patrie.

Aimable Saint, priez pour nous :
Obtenez qu'en suivant vos traces,
Au ciel nous montions après vous.
Aimable Saint, priez pour nous;
Nous implorons à vos genoux } *bis.*
Le secours des célestes grâces.

140. — Visitation.

AIR Nos 140, 173, 125, 218.

Astres, brillez d'un feu plus doux,
Dans les lieux où passe Marie;
Monts superbes, abaissez-vous
Devant cette Mère chérie.

REFRAIN.

O toi dont le cœur maternel
Est touché de notre misère,

Jusqu'au trône de l'Eternel
Daigne porter notre prière. } *bis.*

Des Vierges l'espoir et l'honneur,
Marie, pourquoi d'un pas rapide
Des monts franchis-tu la hauteur?
Quelle ardeur t'enflamme et te guide ? O toi, etc.

C'est la céleste charité
Dont l'Esprit divin t'a remplie
Mère de Dieu, ta dignité
En toi ne l'a point affaiblie. O toi, etc.

Les yeux encor fermés au jour,
Déjà Jean-Baptiste, ô Marie !
A ta voix tressaille d'amour,
Au sein de sa mère attendrie. O toi, etc.

Déjà s'offre comme Sauveur
L'Enfant Dieu que porte Marie,
Et déjà l'enfant précurseur
Annonce en Jésus le Messie. O toi, etc.

Hôtes dignes de leur amour,
Vous logez Jésus et sa Mère;
Heureux parents ! heureux séjour !
Jouissez d'un sort si prospère. O toi, etc.

141. — Sacré Cœur de Jésus.

AIR N° 141.

Perçant les voiles de l'aurore,
Le jour apparaît dans les cieux :
Ainsi, Cœur sacré que j'adore,
Tout rayonnant d'amour, tu viens frapper mes yeux.

REFRAIN.

Séraphins, à ce Roi suprême (*bis.*)
Souffrez que j'offre vos ardeurs :
Pour aimer Jésus comme il aime,
Faibles mortels, c'est trop peu de nos cœurs. (*bis.*)

Toujours dans cet heureux asile
Jésus fixera son séjour :
Venez, peuple tendre et docile,

Venez donner vos cœurs au Cœur du Dieu d'amour.
>> Séraphins, etc.

>> Ce Cœur généreux, magnanime,
>> Du ciel irrité contre nous
>> Voulut devenir la victime,
Et nous mettre à l'abri des traits de son courroux.
>> Séraphins, etc.

>> Que vois-je? des torrents de flamme
>> S'élancent du Cœur de mon Dieu!
>> Amour, oui, c'est toi qui l'enflamme :
Ah! partout en ces lieux répands un si beau feu.
>> Séraphins, etc.

>> Autour de ce Cœur, ô saints Anges!
>> Tremblants et joyeux à la fois,
>> Chantez, célébrez ses louanges,
A vos chants s'uniront et nos cœurs et nos voix.
>> Séraphins, etc.

>> O Cœur, notre unique espérance,
>> Couronne en ce jour tes bienfaits,
>> Deviens le salut de la France,
Et force tous les cœurs de t'aimer à jamais.
>> Séraphins, etc.

L'abbé LORIQUET.

142. — MÊME SUJET.

AIR N°^s 86, 201, 237; sans refrain N°^s 142, 1, 17, 67, 119, 194.

>> Cœur de Jésus, Cœur à jamais aimable!
>> Cœur digne d'être à jamais adoré!
>> Ouvre à mon cœur un accès favorable;
>> Bénis ce chant que je t'ai consacré.   (*bis.*)

>> REFRAIN.

>>> Beauté suprême,
>>> O Divin Cœur!
>>> Toi seul que j'aime,
>>> Sois toujours mon bonheur.

> Aide à ma voix à louer ta puissance,
> Ta vive ardeur, tes charmes, tes attraits,
> Tes saints soupirs, tes transports, ta clémence,
> Ton tendre amour, l'excès de tes bienfaits.   (*bis.*)
> Quand Jésus suit la brebis infidèle,

Son cœur la guide et fait hâter ses pas.
Quand il reçoit un fils ingrat, rebelle,
Son Cœur étend et resserre ses bras.   (bis.)

Quand à ses pieds la femme pénitente
Vient déposer ses pleurs et ses regrets,
Son Cœur en fait une fidèle amante,
Qu'il enrichit de ses plus doux bienfaits.   (bis.)

Que sur la terre, en tous lieux, d'âge en âge,
Ce cœur sacré, caché dans nos lieux saints,
Ait de nos cœurs le tribut et l'hommage,
L'amour, l'encens et les vœux des humains !   (bis.)

Que dans les cieux les puissances l'honorent,
Qu'il règne après les siècles éternels.
Que tous les cœurs et l'aiment et l'adorent,
Que tous les cœurs soient pour lui des autels.   (bis.)

Cœur de Jésus, sois à jamais ma gloire ;
Sois mon amour, mes charmes, ma douceur ;
Sois mon soutien, ma force, ma victoire,
Ma paix, mon bien, ma vie et mon bonheur.   (bis.)

Sois à jamais toute mon espérance :
Sois mon secours, mon guide, mon Sauveur ;
Sois mon trésor, ma fin, ma récompense,
Mon seul partage, et le tout de mon cœur.   (bis.)

143. — MÊME SUJET.

AIR N° 143.

Vole au plus tôt, vole, vole, mon âme,
Vers cet asile où t'appelle Jésus !...
Là, dans son sein s'allumera la flamme
Dont brûle au ciel le peuple des élus.

CHŒUR.
> Volons, volons, mon âme,
> Vers le cœur de Jésus,
> Et brûlons de la flamme
> Dont brûlent les élus.

SOLO.
> Vers cet heureux asile
> Où t'attend le bonheur,
> Vole d'une aile agile,
> Vole, mon pauvre cœur.   Volons, etc.

O ma pauvre âme, ô colombe timide,
Tu n'auras plus à craindre le chasseur :
Là vainement de sa flèche rapide
Il chercherait à te frapper au cœur.   Volons, etc.

Que tardes-tu ? vois comme dans le monde,
Tout n'est qu'ennuis, que périls et que maux ;
Mais dans ce cœur, source en biens si féconde,
Tout est plaisirs, délices et repos.   Volons, etc.

Là doucement l'âme passe sa vie,
Et doucement au dernier jour s'endort :
O sort heureux ! ô fin digne d'envie !
Que de bonheur dans une telle mort !   Volons, etc.

T. L.

144. — MÊME SUJET.
AIR Nos 144, 191.

Quel signe heureux, quel mystère ineffable
Vient appeler notre amour et nos vœux ?
  Cœur adorable !
  Bonheur des cieux !
C'est lui : je sens, je reconnais ses feux ;
Cédons, mon cœur, à son empire aimable.   (bis.)

Je n'étais pas, (qui pourra le comprendre !)
Et tu brûlais de t'immoler pour moi.
  O Cœur trop tendre !
  O douce loi '
Et j'aimerais autre chose que toi !
Non, de tes traits je ne puis me défendre.   (bis.)

Disciple heureux que l'Auteur de la vie
Daigna laisser reposer sur son cœur,
  Ah ! que j'envie
  Votre bonheur !
Mais de l'époux la plus chère faveur
Est-elle faite, ô Dieu ' pour l'ennemie ?   (bis.)

Que dis-je, ô ciel ! et pourquoi cette plainte ?
Il m'est offert ce bonheur tout divin.
  O table sainte !
  O doux festin !
N'y puis-je, ô Dieu ! reposer sur ton sein,
De mon amour t'y parler sans contrainte ?   (bis.)

Cœur de Jésus, que ton amour immense
A mon respect ajoute chaque jour !
  Dans le silence
  Du pur amour,
Fais qu'abîmé, qu'embrasé tour à tour,
A tous les cœurs j'atteste ta présence.   (*bis*.)

         Le Tourneur.

145. — MÊME SUJET.
AIR N° 145.

O Cœur divin, Cœur tout brûlant d'amour,
Embrasez-nous de vos célestes flammes.
Puissent nos chants célébrer en ce jour,
Le tendre Cœur du Sauveur de nos âmes !

CHŒUR.
 Venez, enfants, à pleines mains
 Jetez les fleurs de l'innocence,
 Et goûtez les plaisirs divins   (*bis*.)   } *bis*.
 Qu'ici vous offre sa présence.

Heureux celui qui, dans le Cœur divin,
De l'amour puise, à longs traits, les prémices !
Ainsi toujours le brûlant séraphin,
Au sein de Dieu, s'enivre de délices.
  Venez, enfants, etc.

O mon Jésus ! ô mon souverain bien !
Tels sont les vœux de mon âme ravie ;
Puisse mon cœur reposer sur le tien !
Puisse mon cœur enfin trouver la vie !
  Venez, enfants, etc.

Divin Sauveur, ma vie et mon trésor,
A tes attraits ta grandeur est pareille ;
Tes saintes lois sont plus riches que l'or,
Ton Cœur plus doux que le miel de l'abeille.
  Venez, enfants, etc.

Hâte ce jour où libre de mes fers,
De la colombe osant prendre les ailes,
J'irai, Seigneur, loin de cet univers,
Jouir en paix des douceurs éternelles.
  Venez, enfants, etc.

Autres cantiques au S. C. de Jésus. *Voyez* pages 97, 37, 42, 50, 52, 74.

146. — S. Vincent de Paul.

AIR Nos 82, 111, 122, 158, 160, 165, 211, 230.

Amour, reconnaissance,
Au Bienheureux Vincent,
De l'Eglise de France
Le plus bel ornement.

REFRAIN.

Dans le sein de la gloire
Il règne pour jamais;
Célébrons sa mémoire,
Ses vertus, ses bienfaits.

Brûlant dès son jeune âge
D'une céleste ardeur,
Vincent pour héritage
Ne veut que le Seigneur.
Dans le sein, etc.

Quelle tendresse immense
Dans son cœur généreux!
Il est la providence
De tous les malheureux.
Dans le sein, etc.

Sa parole puissante
Convertit les pécheurs,
Et sa main bienfaisante
Partout sèche des pleurs.
Dans le sein, etc.

Le pauvre en sa chaumière,
L'esclave et l'orphelin,
Trouvent en toi leur père,
Leur Sauveur, leur soutien.
Dans le sein, etc.

Toi que la France honore
D'un culte solennel,
Veille sur elle encore
De ton trône éternel.
Dans le sein, etc.

147. — Susception de la Sainte Croix.

AIR No 147.

O Croix! cher gage
  D'un Dieu mort pour nous,
Je viens vous rendre hommage;
  J'ai recours à vous.
  O Croix, etc.

Vous êtes la source
  Des vrais biens,
L'espoir, la ressource
  Des chrétiens.
  O Croix, etc.

En vous est l'asile
  Du pécheur,
Et l'accès facile
  Du Sauveur.
  O Croix, etc.

Je vous embrasse,
  O bois précieux
Où l'auteur de la grâce
  Nous ouvrit les cieux.
  Je vous, etc.

O mon espérance,
  Mon secours,
Soyez ma défense
  Pour toujours.
  Je vous, etc.

Faites, ô Croix sainte!
  Qu'en vos bras
J'affronte sans crainte
  Le trépas.
  Je vous, etc.

148. — Assomption.

AIR N° 74.

Chantons la Reine des cieux,
  Que l'excès de l'amour
  Fait triompher en ce jour;
  Chantons la Reine des cieux;
Qu'on l'honore et qu'on l'aime en tous lieux.
  De nos chants divers
  Remplissons les airs;
  Que tout l'univers
  Réponde à nos doux concerts:
  De nos chants divers
  Remplissons les airs;
Inventons même de nouveaux airs.

  Enfin l'hiver a passé,
  Les vents ne soufflent plus,
  Les frimas sont disparus:
  Enfin l'hiver a passé,
La tempête et la pluie ont cessé.
  Vierge, les douleurs,
  Les soupirs, les pleurs
  Font place aux douceurs
  Des immortelles faveurs.
  Vierge, les douleurs,
  Les soupirs, les pleurs
S'éloignent du plus parfait des cœurs.

  Venez, lui dit le Seigneur,
  O ma Mère ! venez,
  Mes biens vous sont destinés.
  Venez, lui dit le Seigneur,
Hâtez-vous, partagez mon bonheur.
  Entrez dans ma paix,
  Régnez à jamais,
  Que tous vos souhaits
  S'accomplissent désormais;
  Entrez dans ma paix,
  Régnez à jamais,
Possédez ma grâce et mes bienfaits.

  Daignez, Marie, en ce jour,
  Ecouter nos soupirs,

Et seconder nos désirs :
Daignez, Marie, en ce jour,
Recevoir notre encens, notre amour.
 Du céleste Epoux
 Calmez le courroux ;
 Qu'il se montre doux
A tous ceux qui sont à vous;
 Du céleste Epoux
 Calmez le courroux ;
Que son cœur s'attendrisse sur nous.

149. — MÊME SUJET.
AIR N° 149.

Elle a fui vers les cieux, chantez l'hymne nouvelle;
Anges du Dieu vivant, touchez vos harpes d'or!
De vos ailes de feu, tout voilés devant elle,
Oh! chantez pleins d'amour votre Reine immortelle;
 Vers vous, vers vous elle a pris son essor. (4 *fois.*)

Sous tes pieds triomphants une vapeur légère
Flotte, et d'un poids si doux semble s'enorgueillir;
Marie avec splendeur abandonne la terre :
Ainsi de ses destins l'ineffable mystère
 En s'expliquant devait donc s'accomplir. (4 *fois.*)

Vierge auguste! à ton nom, dans une âme troublée,
Souvent renaît la foi, le désir et l'amour;
L'orphelin te bénit ; la veuve désolée
T'implore en soupirant près du noir mausolée,
 Quand vient la nuit, quand reparait le jour. (4 *fois.*)

Parmi les verts buissons, sous l'épine sauvage,
Ton image est propice au pieux pèlerin;
Blanche étoile des mers! lorsque gronde l'orage,
Le navire perdu sur des flots sans rivage
 Te redemande un ciel pur et serein. (4 *fois.*)

Ici-bas cependant, à souffrir toujours prête,
Tu vécus dans l'exil, sous la croix tu gémis.
Que de pleurs t'a coûtés ta sublime conquête !....
Mais tes pieds du dragon brisent enfin la tête,
 Soudain les cieux t'ouvrent leurs saints parvis. (4 *fois.*)

Chantons! qu'un pur encens s'allume et se déploie
Comme un nuage d'or sur l'autel agité;

Enlaçons dans les fleurs et la pourpre et la soie;
Marie est Reine enfin! chantons, chantons sa joie,
Et dans le temps, et dans l'éternité! (4 fois.)

DE MODURANGE.

150. — Dimanche dans l'Octave.

AIR N°* 150, 37.

Triomphez, Reine des cieux,
A vous bénir que tout s'empresse :
Triomphez, reine des cieux,
Dans tous les temps, dans tous les lieux. *Fin.*

 Que l'amour nous prête,
 En ce jour de fête,
 Que l'amour nous prête
 Ses plus doux accords ;
Et que notre voix s'apprête
A seconder ses efforts.   Triomphez, etc.

Célébrons en ce saint jour
Les vertus de l'humble Marie ;
Célébrons en ce saint jour
Et ses bienfaits et son amour.
 Sans cesse enrichie,
 Jeunesse chérie,
 Sans cesse enrichie
 Des plus heureux dons,
C'est de la main de Marie,
Enfants, que nous les tenons.   Triomphez, etc.

Qu'à jamais de ses faveurs
Nos chants rappellent la mémoire,
Qu'à jamais de ses faveurs
Le souvenir charme nos cœurs.
 Le ciel et la terre,
 Ravis de lui plaire,
 Le ciel et la terre
 Chantent ses appas.
Vos enfants, ô tendre Mère,
Ne vous béniront-ils pas.   Triomphez, etc.

Achevez notre bonheur,
Retracez en nous votre image ;

    Achevez notre bonheur,
  Et portez-nous dans votre cœur.
      Guidez de l'enfance,
      Par votre puissance,
      Guidez de l'enfance,
      Les pas chancelants,
  Et que l'aimable innocence
  Couronne nos derniers ans !   Triomphez, etc.

151. — Octave de l'Assomption.

AIR N° 151.

Triomphons, notre Mère est au sein de la gloire !
  Jusques aux cieux, où son trône est porté;
  Le seul espoir dont son cœur est flatté
Est de voir ses enfants partager sa victoire. *(bis.) Fin.*

    Reine des cieux, de vos enfants
  Reconnaissez, écoutez le langage;
Ils osent de leurs cœurs vous présenter l'hommage,
    Vous exprimer leurs sentiments.
    Guidés par la reconnaissance,
    Ils vous consacrent leur enfance.
    Toujours vous p'aire est leur désir,   } *bis.*
    Vous aimer *(bis)* fait leur seul plaisir.
Triomphons, etc.

    C'est dans son cœur que désormais,
  Pour être heureux, j'ai fait choix d'un asile;
Mes jours sont plus sereins, mon âme est plus tranquille,
    Et mon esprit goûte la paix.
    Dans cette aimable solitude,
    L'aimer est mon unique étude;
    Son tendre cœur fut mon berceau,   } *bis.*
    Dans son cœur *(bis)* sera mon tombeau.
Triomphons, etc.

    Quand verrons-nous cet heureux jour
  Où la vertu recevra sa couronne ?
Sa main nous la présente et son cœur nous la donne :
    C'est le triomphe de l'amour.
    Dans cette attente, je désire,
    Je veux être heureux, je soupire;

Désir, hélas ! cher à mon cœur,
Doux espoir (*bis*), soutiens mon ardeur. } *bis*.

Triomphons, etc.

152. — Nativité de la Très Sainte Vierge.

AIR N°s 42, 108.

Dans ce séjour de l'innocence,
Quel astre propice à nos vœux
Vient, par une douce influence,
Embraser nos cœurs de ses feux ?
    Quelle est l'aurore
    Qui fait éclore
Ce jour serein et radieux,
    Dont la lumière
    Montre à la terre
L'éternelle splendeur des cieux ?

Elle paraît..., à sa présence
Tout semble sortir du tombeau ;
Le monde quitte son enfance,
Et devient un monde nouveau.
    Parfaite image,
    Précieux gage
Du brillant soleil qui la suit,
    Son doux sourire
    Par son empire
Bannit enfin l'affreuse nuit.

Du trône éclatant de ta gloire
Daigne agréer ce faible encens.
Nous célébrons tous ta victoire,
Et nous sommes tous tes enfants.
    Que cette fête
    Soit l'interprète,
Des sentiments de notre cœur ;
    Que sous tes ailes,
    Humbles, fidèles,
Nous parvenions au vrai bonheur.

153. — Dimanche dans l'Octave.

AIR N° 153.

Reine des cieux, de notre tendre hommage
  Nous vous offrons le faible encens :
Que votre nom soit chanté d'âge en âge ;
Qu'il soit toujours l'objet de nos accents. *Fin.*

  Les cieux l'admirent en silence :
Comment oser célébrer sa grandeur ?
  Mais oublions notre impuissance :
  Ne consultons que notre cœur.   Reine, etc.

  Ainsi du lis dans nos prairies
Rien ne ternit la brillante couleur :
  Entouré de tiges flétries,
  Il ne perd rien de sa blancheur.   Reine, etc.

  Bientôt son aimable innocence
Et ses vertus vont recevoir leur prix.
  Le jour paraît, l'instant s'avance....
  Le fils d'un Dieu devient son fils.   Reine, etc.

  Ah ! songez que notre misère
Devient pour vous la source des grandeurs :
  Dieu vous eût-il choisie pour mère,
  Si nous n'eussions été pécheurs.   Reine, etc.

154. — L'Exaltation de la Sainte Croix.

AIR N° 154 ; sans refrain N°s 11, 82, 122, 230.

Célébrons la victoire   De son amour extrême
D'un Dieu mort sur la croix,   Cédons aux traits vainqueurs ;
Et pour chanter sa gloire   Pour le Dieu qui nous aime
Réunissons nos voix : (bis.) Réunissons nos cœurs.

  Du vainqueur des enfers célébrons la victoire :
  Réunissons nos cœurs, réunissons nos voix ;
  Chantons avec transport son triomphe et sa gloire,
  Chantons vive Jésus ! chantons vive sa croix ! (bis.)

Ainsi qu'après l'orage   Tel le Dieu que j'adore,
Le soleil radieux   Trop longtemps ignoré,
Dissipe le nuage,   Du couchant à l'aurore
Rend leur éclat aux cieux; (bis) Voit son nom adoré. Du, etc.

La croix, heureux asile
De l'univers soumis,
Brave l'orgueil stérile
De ses fiers ennemis ; (bis.)
On s'empresse à lui rendre
Des hommages parfaits ;
Sa gloire va s'étendre
Autant que ses bienfaits.
Du vainqueur, etc.

Quel éclat l'environne !
Elle voit à ses pieds
Le sceptre et la couronne
Des rois humiliés ; (bis.)
Rome cherche à lui plaire,
Tout suit ses étendards,
Et le Dieu du Calvaire
Est le Dieu des Césars.
Du vainqueur, etc.

Que le ciel applaudisse
Aux chants de mon amour,
Et que l'enfer frémisse
Du bonheur de ce jour : (bis.)
Chantons tous la victoire
Du maître des vainqueurs ;
Consacrons à sa gloire
Et nos voix et nos cœurs.
Du vainqueur, etc.

155. — MÊME SUJET.

AIR Nos 155, 90, 200.

Le Seigneur a régné : monument de sa gloire,
 La croix triomphe en ce grand jour ;
Peuples, applaudissez : que les chants de victoire
 Se mêlent aux concerts d'amour.
 Le Dieu de majesté s'avance ;
 Il vient habiter parmi nous ;
 Pécheurs, fuyez de sa présence ;
 Justes, tombez à ses genoux.

CHŒUR.
 Lève-toi, signe salutaire,
 Bois auguste, bois protecteur ;
 Lève-toi, brille sur la terre,
 Astre de paix et de bonheur. } bis.

Aplanissez la voie à celui que les anges
 Transportent des hauteurs des cieux :
Le Seigneur est son nom ; rendez mille louanges
 A ce nom saint et glorieux.
 Pour le méchant juge sévère,
 Mais pour le juste Dieu sauveur ;
 En lui l'orphelin trouve un père,
 Et la veuve un consolateur.   Lève-toi, etc.

Plus heureux qu'Israël, de sa reconnaissance
 Imitons les transports joyeux ;

Israël ne vivait que de son espérance,
    De ses soupirs et de ses vœux.
  Sortis de cette nuit profonde,
    A nos yeux il s'est élevé,
  Le Dieu puissant qui fit le monde,
    Par qui le monde fut sauvé.   Lève-toi, etc.

Il se lève : et par lui sur la sainte montagne
    La terre et les cieux vont s'unir ;
Avec ce doux regard que la grâce accompagne,
    Il tend les bras pour nous bénir.
  Si jamais nous sommes parjures,
    Nous viendrons pleurer à ses pieds,
  Et retremper dans ses blessures
    Nos cœurs contrits, humiliés.   Lève-toi, etc.

156. — Octave de la Nativité.

AIR Nos 156, 11, 82, 111, 211, 230.

REFRAIN.
C'est le nom de Marie
Qu'on célèbre en ce jour ;
O famille chérie,
Chantez ce nom d'amour.
C'est le nom, etc.

C'est le nom d'une mère,
Chantez, heureux enfants ;
Unissez pour lui plaire
Et vos cœurs et vos chants.
C'est le nom, etc.

C'est un nom de puissance,
Un nom plein de douceur,
Mais toujours sa clémence
Surpasse sa grandeur.
C'est le nom, etc.

C'est un nom de victoire,
Il dompte les enfers ;
Il nous donne la gloire
De briser tous nos fers...
C'est le nom, etc.

C'est un nom d'espérance
Au pécheur repentant,
Un gage d'innocence
Au cœur juste et fervent.
C'est le nom, etc.

Il n'est rien de plus tendre,
Il n'est rien de plus fort ;
Le ciel aime à l'entendre ;
Pour l'enfer c'est la mort.
C'est le nom, etc.

Que le nom de ma mère,
Au dernier de mes jours,
Soit toute ma prière,
Qu'il soit tout mon secours.
C'est le nom, etc.

                L'abbé LEFEBVRE.

157. — S. Michel et les SS. Anges.
AIR N° 157.

Immortelle Sion, de ton auguste enceinte
Ouvre à nos yeux ravis la gloire et la splendeur,
Montre-nous du Très-Haut l'éternelle grandeur
Et la céleste cour de sa majesté sainte.

CHOEUR.

Venez, venez, illustres chœurs des esprits bienheureux,
Répéter à jamais sur vos lyres sublimes
  Votre triomphe glorieux (bis.)
  Sur l'ange des abîmes. (bis.)

Déjà je vois Michel, plus brillant que l'aurore,
Qui, le glaive à la main, précipite aux enfers,
Comme un foudre lancé dans le vide des airs,
Cet archange orgueilleux que l'univers abhorre. Venez, etc

Là je vois Gabriel, qui d'une vierge mère
Annonça le premier la gloire et le bonheur :
A sa voix descendit l'adorable Sauveur,
Qui du joug du démon vint affranchir la terre. Venez, etc.

Là je vois Raphaël, dont le bras tutélaire
Du bras du Tout-Puissant emprunte la vigueur :
Il saisit le démon, il dompte sa fureur,
Et sur nos maux répand un baume salutaire. Venez, etc.

Là des groupes sacrés de protecteurs fidèles,
S'attachant à nos pas, dirigent nos destins ;
Et nous marchons en paix dans les sentiers divins,
A l'abri bienfaisant de leurs puissantes ailes. Venez, etc.

158. — Saints Anges Gardiens.
AIR N°° 158, 82, 111, 122, 165, 211, 230.

) toi, de tous les Anges,
e plus cher à mon cœur,
'rête-moi tes louanges
'our bénir mon Sauveur.

REFRAIN.

\ l'ombre de ton aile,
ers l'auguste séjour,

Comme un guide fidèle
Conduis-moi chaque jour.

Hélas ! combien d'alarmes,
O saint Ange de paix,
De soupirs et de larmes
T'ont coûté mes excès !
A l'ombre, etc.

Ta longue patience,
Ton aimable douceur,
Malgré ma résistance,
Ont enchanté mon cœur.
A l'ombre, etc.

Le zèle qui te presse,
Pour mon bien, nuit et jour,
Réveille ma tendresse
Par un juste retour.
A l'ombre, etc.

Oui, ton amour immense
M'offre un trésor divin,
Et ma reconnaissance
N'aura jamais de fin.
A l'ombre, etc.

En ce désert aride
Où la foi me conduit,
Ta lumière est mon guide
Dans l'horreur de la nuit.
A l'ombre, etc.

Non, ma reconnaissance
N'a pas d'assez doux chants;
Aide mon impuissance
Par tes tendres accents.
A l'ombre, etc.

159. — MÊME SUJET.
AIR Nos 247.

Ange de Dieu,
Ministre de sa providence,
 Ange de Dieu,
Qui daignez me suivre en tout lieu,
A l'ombre de votre présence,
Garantissez mon innocence,
 Ange de Dieu.   (bis)

 Dans cet exil
Soyez sensible à ma misère!
 Dans cet exil
Sauvez mes jours de tout péril.
Soyez ma force et ma lumière,
Mon maître, mon ami, mon père,
 Dans cet exil.   (bis.)

 Entre vos bras
Soutenez ma débile enfance;
 Entre vos bras
Portez-moi, ne me quittez pas!
Pénétré de mon impuissance,
Que je retrouve l'espérance
 Entre vos bras.   (bis.)

 Céleste ami,
Au milieu des tribus des Anges,

Céleste ami,
Vous de mon cœur le plus chéri,
Faites qu'un jour dans vos phalanges
De Dieu je chante les louanges,
Céleste ami ! (bis.)

160. — Notre-Dame du Rosaire.

AIR N°⁸ 160, 211, 82, 111, 113, 122, 156, 165, 230.

D'une mère chérie
Célébrons la grandeur ;
Consacrons à Marie
Et nos voix et nos cœurs. *Fin.*

REFRAIN.

De concert avec l'ange
Quand il la salua,
Disons à sa louange
Un *Ave Maria.*
D'une mère, etc.

Modeste créature,
Elle plut au Seigneur ;
Et Vierge toujours pure,
Enfanta le Sauveur.
De concert, etc.

Nous étions la conquête
Du tyran des enfers ;
En écrasant sa tête
Elle a brisé nos fers.
De concert, etc.

Que l'espoir se relève
Dans nos cœurs abattus ;
Par cette nouvelle Ève
Les cieux nous sont rendus.
De concert, etc.

O Marie, ô ma mère,
Prenez soin de mon sort :
C'est en vous que j'espère
En la vie, en la mort.
De concert, etc.

O céleste lumière,
O source de bonheur,
Exaucez la prière
Que vous offre mon cœur.
De concert, etc.

Obtenez-nous la grâce,
A notre dernier jour,
De vous voir face à face
Au céleste séjour.
De concert, etc.

161. — La Toussaint.

AIR N°⁸ 161, 4, 96, 105, 168, 214, 222, 238.

Quels accords, quels concerts augustes !
Quelle pompe éblouit mes yeux !
Fais silence à l'aspect des justes,
O terre ! entends le chant des cieux.

CHŒUR. {Que nos voix ici-bas s'unissent
Aux doux concerts des bienheureux !
Chantons le Maître qu'ils bénissent,
Et suivons leurs pas glorieux.   (*bis*.)

O divine, ô tendre harmonie !
Les Saints, dans des transports d'amour,
Chantent la grandeur infinie
Du Dieu dont ils forment la cour.   Que, etc.

Quel spectacle ! un Dieu sans nuage
Se montre aux yeux des Bienheureux,
Ils contemplent de son visage
Les traits sacrés et radieux.   Que, etc.

Le Seigneur transporte leur âme
Par les plus doux ravissements ;
La sainte ardeur qui les enflamme
Les nourrit de feux renaissants.   Que, etc.

De la nouvelle Babylone
Les martyrs, ces nobles vainqueurs,
Sont assis auprès de son trône,
Le front ceint d'immortelles fleurs.   Que, etc.

162. — Dimanche dans l'Octave.

AIR N⁰ˢ 162, 82, 111, 113, 122, 156, 165, 211, 230.

D. Du séjour de la gloire,
Bienheureux, dites-nous,
Après votre victoire,
Quels biens possédez-vous ?

R. Ces biens sont ineffables ;
Le cœur n'a point compris
Quels trésors admirables
Dieu garde à ses amis.

D. Martyrs dont le courage
Triompha des bourreaux,
Quel est votre partage
Après vos durs travaux ?

R. Voyez notre couronne,
La palme est dans nos mains.

Nous partageons le trône
Du Sauveur des humains.

D. Vous, humbles solitaires,
De jeûne anéantis,
De vos luttes austères
Quels sont les heureux fruits?

R. Pour tant de sacrifices,
Tant de saintes rigueurs,
Un torrent de délices
Vient inonder nos cœurs.

D. Et vous, âmes fidèles
Du plus fidèle Époux,
Pour des vertus si belles,
Quel bonheur goûtez-vous?

9

R. Épouses fortunées,
Nous pouvons en tout lieu,
De roses couronnées,
Suivre l'Agneau de Dieu.

D. Et vous qu'un pain de lar-
 [mes
Nourrissait chaque jour,
Quels sont pour vous les
 [charmes
Du céleste séjour ?

R. Une main secourable
Daigne essuyer nos pleurs ;
Un repos délectable
Succède à nos douleurs.

D. Ah ! daignez nous appren-
 [dre,
En cet exil cruel,
Quelle route il faut prendre
Pour arriver au ciel ?

R. Il faut dans la carrière
Marcher avec ardeur :
La couronne dernière
Est le prix du vainqueur.

Ou Sainte Cité, *page* 79.

163. — Commémoration des Morts.

AIR N°s 163, 163 bis, 178.

Au fond des brûlants abimes
Nous gémissons, nous pleu-
 [rons,
Et pour expier nos crimes,
Loin de Dieu nous y souffrons.
    Hélas ! hélas !
Feu vengeur, de tes victimes
Les pleurs ne t'éteignent pas.

A l'aspect de nos supplices,
Chrétiens, attendrissez-vous ;
A nos maux soyez propices,
O nos frères ! sauvez-nous !
    Hélas ! hélas !
Le ciel, sans vos sacrifices,
Ne les abrégera pas.

De ces flammes dévorantes
Vous pouvez nous arracher ;
Hâtez-vous, âmes ferventes,
Dieu se laissera toucher.
    Hélas ! hélas !
De ces peines si cuisantes
La fin ne vient-elle pas ?

Nous poussons des cris stériles,
Nos soupirs sont rejetés,
Nos larmes sont inutiles,
Vos vœux seuls sont exaucés :
    Hélas ! hélas !
Ces vœux vous sont si faciles,
Ne nous les refusez pas.

Portés par vos saints suffrages
Dans le céleste séjour,
Nous saurons dans tous les âges
Vous chérir à notre tour.
    Hélas ! hélas !
Un jour nos pieux hommages
Rendront saint votre trépas.

Grand Dieu ! de votre justice
Désarmez le bras vengeur ;
Que notre malheur finisse
Par le sang d'un Dieu Sauveur,
    Hélas ! hélas !
Votre main libératrice
Ne s'étendra-t-elle pas ?

Prière à Marie
164. — Pour les âmes du Purgatoire.

AIR N° 164; sans refrain N° 58.

REFRAIN.
> Notre prière,
> O tendre Mère,
> Monte vers vous !
> Sainte Marie,
> Vierge chérie,
> Exaucez-nous.

Dans les cachots brûlants où gémissent les âmes
Qui n'ont pas expié tous les péchés commis,
Descendez, Vierge sainte, et tempérez les flammes
Où pleurent nos parents et nos tendres amis.
     Notre prière, etc.

Dans ces lieux de douleur, qu'amère est la souffrance !
Que tristes sont les jours ! Que longues sont les nuits !
Pour calmer tant de maux, il n'est que l'espérance
Qui peut seule adoucir les dévorants ennuis.
     Notre prière, etc.

Vous pouvez, ô Marie, ô Vierge si puissante,
Secourir nos amis, délivrer nos parents :
Oh ! soyez toujours bonne et toujours indulgente ;
Apaisez, ô Marie, apaisez leurs tourments !
     Notre prière, etc.

O Mère de Jésus, sensible à notre plainte,
Que ceux qui nous sont chers soient sauvés de ce lieu ;
Conduisez-les vous-même en la demeure sainte,
Enivrez-les d'amour en présence de Dieu.
     Notre prière, etc.

165. — S. Stanislas Kotska.

AIR N°s 165, 82, 111, 122, 156, 211, 230.

REFRAIN.
Venez, troupe angélique,
Venez du haut des Cieux,
Mêler à ce cantique
Vos chants harmonieux.

Nous honorons la gloire
D'un Ange d'ici-bas :
Dans vos chants de victoire
Célébrez ses combats.
   Venez, etc.

Dès l'âge le plus tendre,
Dieu, quels sont tes desseins!
Stanislas peut prétendre
Au rang des plus grands saints.
Venez, etc.

Monde vain, tes menaces
Ne l'empêcheront pas
De suivre en tout les traces
Que Dieu marque à ses pas.
Venez, etc.

Son âme est comme un temple
D'une rare beauté,
Où du Dieu qu'il contemple
Reluit la majesté.
Venez, etc.

D'un si parfait modèle
Gravons en nous les traits ;
Et Dieu, toujours fidèle,
Comblera nos souhaits.
Venez, etc.

166. — Présentation de la T. Ste Vierge.

AIR N° 166 ; sans refrain N°s 82, 113, 122, 165, 211, 230.

O divine Marie !
Encore tendre enfant,
Vous offrez votre vie
Au Seigneur tout puissant.

Toujours pure et sans tache,
Toujours brûlant d'ardeur,
Votre cœur ne s'attache
Qu'à votre Créateur.

REFRAIN.
{ A vous, Marie, et mon cœur et ma lyre ;
  Puissé-je un jour, aux échos éternels,
  Faire chanter votre adorable empire,
  Et triompher avec les immortels !   (bis.)

A l'ombre de vos ailes
Nous osons aujourd'hui,
Devenus plus fidèles,
Nous consacrer à lui.
Offrez-nous, tendre Mère ;
Présentés de vos mains,
Nous ne saurions déplaire
A ses regards divins.
  A vous, etc.

O doux Sauveur, vrai Père
Des pécheurs pénitents,
De votre auguste Mère
Recevez les enfants.
Dans votre heureux service,
Nous voulons expirer :
Qu'à jamais rien ne puisse
De vous nous séparer.
  A vous, etc.

167. — Pour une Fête Patronale.

AIR N°s 167, 53, 89.

REFRAIN.
{ Vous qui régnez dans la gloire,
  Patron chéri }
  O Patronne   } de ces lieux,
  Honneur à votre mémoire ;
  Ecoutez nos humbles vœux. *Fin.*   Vous qui, etc.

D'immortels rayons de lumière
Ornent votre front glorieux :
Peut-on trop louer sur la terre
Ceux que Dieu même honore aux cieux. Vous, etc.

Dieu vous donne à nous pour modèle ;
Votre exemple est notre leçon :
Que notre âme toujours fidèle
L'imite en toute occasion. Vous qui, etc.

Et lorsqu'au rang le plus sublime
Vos vertus vous font élever,
Ne souffrez pas que dans l'abîme
Le vice nous fasse tomber. Vous qui, etc.

Pour suivre constamment vos traces,
Au chemin de la sainteté,
Sollicitez pour nous les grâces
De l'ineffable charité. Vous qui, etc.

Après avoir brûlé de zèle,
Ainsi que vous, pour le Seigneur,
Qu'un jour, dans la gloire éternelle,
Nous partagions votre bonheur. Vous qui, etc.

168. — Pour la Fête de quelque Saint.

AIR N° 168, 77, 96, 116, 120, 161, 214, 238.

Chantons les combats et la gloire
Des Saints nos illustres aïeux ;
Ils ont remporté la victoire,
Ils sont couronnés dans les cieux.
Il n'est plus pour eux de tristesse,
Plus de soupirs, plus de douleurs :
Ils moissonnent dans l'allégresse
Ce qu'ils ont semé dans les pleurs.

Du ciel ils ont fait la conquête ;
Ils voient leur Dieu rempli d'attraits :
Un seul jour nous faisons leur fête,
Mais la leur ne finit jamais.
Pour ces Saints Dieu n'a plus de voiles,
Sa présence fait leur bonheur ;

Ils brillent, comme autant d'étoiles,
A l'entour de leur Créateur.

Objets des tendres complaisances
De l'Eternel, du Tout-Puissant,
Ses grandeurs sont leurs récompenses,
Son amour est leur aliment.
Ce divin Soleil de justice
Toujours échauffe, toujours luit,
Sans que jamais il s'obscurcisse :
C'est dans le ciel un jour sans nuit.

Là, d'une splendeur éternelle
Brillent les Martyrs triomphants,
Et dans une gloire immortelle
Règnent les confesseurs constants ;
Les Vierges offrent leurs couronnes,
Les époux leur fidélité,
Le riche montre ses aumônes,
Et le pauvre sa piété.

Grands Saints, vous êtes nos modèles :
Nous serons vos imitateurs :
Nous voulons vous être fidèles,
Daignez être nos protecteurs.
Puissions-nous, marchant sur vos traces,
Etre toujours à Dieu soumis !
Sollicitez pour nous ces grâces,
Puisque vous êtes ses amis.

TROISIÈME PARTIE.

FINS DERNIÈRES.

169. — Brièveté de notre vie.
AIR N° 169.

Nous passons comme une ombre vaine,
Nous ne naissons que pour mourir :
Quand la mort doit-elle venir ?
   L'heure en est incertaine.

La mort à tout âge est à craindre,
Sous nos pas s'ouvre le tombeau :
Et nos jours sont comme un flambeau
   Qu'un souffle peut éteindre.

Comme un torrent, dans la prairie,
Disparaît après un moment ;
Hélas ! aussi rapidement
   S'écoule notre vie.

Dans nos jardins la fleur nouvelle
Ne dure souvent qu'un matin ;
Tel est, mortels, votre destin ;
   Vous passerez comme elle.

Vous qu'on adore sur la terre,
Vous périrez, vaine beauté ;
Bientôt vous verrez effacé
   Votre éclat éphémère.

Que la mort peut être funeste !
Que ce passage est effrayant !

Ce dernier et fatal instant
Décide seul du reste.
Ah ! tandis que tout m'abandonne,
O Dieu, ne m'abandonnez pas.
C'est du dernier de mes combats
Que dépend ma couronne.

Ou A la mort, *page* 105.
Ne perdons jamais, *page* 57.

Jugement dernier.

Dieu va déployer sa puissance, *page* 13.
Paraissez, Roi des Rois, *page* 114.

170. — Les vivants et les réprouvés.

AIR N° 170.

LES VIVANTS.

Malheureuses créatures,
Esprits réprouvés de Dieu,
Que d'éternelles tortures
Puniront en ce bas lieu !
Dites-nous, dites-nous,
Quels tourments endurez-vous ?

LES RÉPROUVÉS.

Pourquoi nous faire répondre ?
C'est augmenter nos douleurs ?
C'est nous-mêmes nous confondre,
De raconter nos malheurs.
Hélas ! hélas !
Mortels, ne nous suivez pas.

LES VIV. Mondains qui, par indolence,
Toujours dans les vains plaisirs,
Sans vous faire violence,
Contentiez tous vos désirs ;   Dites-nous, etc.

LES RÉP. D'inconcevables supplices
Nous apprennent, mais trop tard,
Que l'amateur des délices,
Au ciel n'aura point de part.   Hélas, etc.

LES VIV. Enfants sans obéissance,
Sans respect et sans amour,
Qui traitiez sans déférence
Ceux dont vous tenez le jour.   Dites-nous, e

LES RÉP. Pour n'avoir pas voulu rendre
Nos respects à nos parents,
Vous ne sauriez bien comprendre
Combien nos tourments sont grands.   Hélas, etc.

LES VIV. Et vous qui, par négligence,
Eleviez mal vos enfants,
Qu'une cruelle indulgence
Perdit dès leurs jeunes ans.   Dites-nous, etc.

LES RÉP. Compagnon de leur misère,
Un enfant infortuné
Crie à son père, à sa mère:
Maudits ceux qui m'ont damné.   Hélas, etc.

LES VIV. Vous qui, ne voulant paraître
Criminels en certain lieu,
Cachiez vos péchés au prêtre,
Pensant les cacher à Dieu.   Dites-nous, etc.

LES RÉP. Infortunés que nous sommes!
Nous sentons trop en ce lieu
Qu'en vain l'on se cache aux hommes
Quand on est connu de Dieu.   Hélas, etc.

LES VIV. Répondez, pécheurs infâmes,
Qui, le crime dans le cœur,
Osiez présenter vos âmes
A la table du Seigneur.   Dites-nous, etc.

LES RÉP. O sainte et vivante Hostie!
Hélas! par un triste sort,
Loin de nous donner la vie
Tu nous as donné la mort.   Hélas, etc.

LES VIV. Adieu donc, maudites âmes:
Loin du Ciel et loin de Dieu,
Brûlez toujours dans ces flammes;
Adieu pour jamais, adieu.
    Hélas! hélas!
Mortels, ne les suivons pas.

LES RÉP. Pour jamais! est-il possible?

Jamais ! que ce terme est long !
Notre âme, à ce mot terrible,
S'épouvante et se confond.   Hélas, etc.

Ou Tremblez, habitants de la terre, *page 44.*

171. — Désirs du Ciel.
AIR N° 171.

Beau ciel, éternelle patrie,
Vous épuisez tous mes désirs :
Du monde les biens, les plaisirs,
N'ont plus rien qui me porte envie.
  Dieu d'amour, (*bis.*)
Quand m'appellerez-vous au céleste séjour ?

O mort, viens finir mes alarmes,
Rends mon âme à mon Créateur,
Ah ! la vie est-elle un bonheur,
Quand on y verse tant de larmes ?   Dieu, etc.

O bonheur qui jamais ne lasse !
O pure et douce volupté !
Le Dieu d'éternelle beauté
Se montre aux élus face à face.   Dieu, etc.

Grand Dieu que j'adore et que j'aime,
Vous ferez donc tout mon bonheur !
Là vous satisferez mon cœur.
En le remplissant de vous-même.   Dieu, etc.

Je l'entends, ce Dieu qui m'appelle ;
Encore un moment de travaux,
Et je vais goûter le repos
Au sein de la gloire éternelle.   Dieu, etc.

172. — MÊME SUJET.
AIR N° 172.

Quand, de la terre où je soupire,
 Volerai-je vers les cieux ?
Loin de Jésus ma joie expire,
 Les pleurs coulent de mes yeux.

REF.
> O Sion, demeure chérie !
> Des élus aimable patrie !
> Quand m'apparaîtront tes grandeurs ?
> Quand goûterai-je tes douceurs ?   *(ter.)*

Ici, les ombres m'environnent :
  Je ne vois ni mon Sauveur,
Ni les splendeurs qui le couronnent ;
  Le péché souille mon cœur.   O Sion, etc.

Je dis à l'aurore naissante :
  Quand luira mon dernier jour ?
A la nuit : Comble mon attente.
  Rien n'exauce mon amour.   O Sion, etc.

Fuyez, fuyez, heures cruelles !
  Mon exil est un tourment ;
Vers les collines éternelles
  Je m'élance à chaque instant.   O Sion, etc.

Là, tariront enfin mes larmes ;
  Là, finiront mes langueurs ;
Là, je puiserai sans alarmes
  A la source des douceurs.   O Sion, etc.

Paré des vêtements de gloire,
  Je dirai l'hymne sans fin :
Reconnaissance, honneur et gloire,
  Amour à l'Agneau divin !   O Sion, etc.

TEMPS DE RETRAITE.

173. — Ouverture.

AIR Nos 173, 125, 140, 218.

Vous que rassemble en ce séjour
D'un Dieu l'aimable Providence,
Tendres objets de son amour,
Venez célébrer sa clémence.

CHŒUR.
> Venez, unissons tous nos voix
> Dans cette retraite chérie ;
> Chantons, répétons mille fois :
> Vive Jésus, vive Marie !   *(bis.)*

Jésus veut pour nous chaque jour
Quitter le trône de sa gloire :
De ses bienfaits, de son amour
Gardons à jamais la mémoire. *Venez, etc.*

Marie ! A l'ombre de ce nom,
De l'enfer bravons la furie :
Que peut la rage du démon
Contre les enfants de Marie ? *Venez, etc.*

Jésus triomphe de mon cœur :
Heureux, je chante sa victoire ;
L'aimer, voilà tout mon bonheur,
Et le servir toute ma gloire. *Venez, etc.*

Marie, exauce tes enfants,
Ecoute leur vive prière ;
Conserve nos cœurs innocents,
Montre-toi toujours notre mère. *Venez, etc.*

174. — MÊME SUJET.
AIR Nos 38, 44, 59, 69, 201.

Un Dieu vient se faire enten-
Quelle ineffable faveur ! [dre,
A sa voix il faut vous rendre :
Il vous offre le bonheur.

CHOEUR.
Accourons, peuple fidèle,
Voici les jours du Seigneur ;
Quand sa bonté nous appelle,
Ne fermons point notre cœur.

Reviens, brebis infidèle,
Reviens à ton bon pasteur ;
Sa tendresse te rappelle,
Endurciras-tu ton cœur ?
Accourons, etc.

Tranquille au bord de l'abîme,
Affreuse sécurité !
Tu courais de crime en crime,
Comptant sur l'impunité.
Accourons, etc.

Tu méritais sa vengeance :
Mais, par un excès d'amour,
Il vient, ce Dieu de clémence,
Solliciter ton retour.
Accourons, etc.

Il te parle en ami tendre :
Mais, pour la dernière fois,
Peut-être fait-il entendre
Les doux accents de sa voix.
Accourons, etc.

Vois l'enfer, vois ces abîmes,
Vois ces gouffres destinés
Moins pour y punir des crimes
Que des pécheurs obstinés.
Accourons, etc.

Que faut-il donc que je fasse ?
Seigneur, oui, mon cœur est
{ prêt ;
Subjugué par votre grâce,
Je cède à son doux attrait.
Accourons, etc.

175. — Bonheur de la Retraite.

AIR N° 175.

Qu'ils sont doux tes fruits,
Charmante retraite !
Par toi je jouis
D'une paix parfaite.
Monde je romps tes liens,
Pour goûter de si grands biens.

C'est dans ce saint lieu
Que le Ciel m'appelle ;
Pour plaire à mon Dieu
J'y cours avec zèle ;
C'est là que mon Rédempteur
Veut s'assurer de mon cœur.

Mes besoins, mes maux
Me disent sans cesse :
Va dans le repos
Chercher la sagesse :
C'est dans le recueillement
Qu'on la trouve assurément.

De mon Créateur
J'y vois la puissance,
De mon Rédempteur
L'insigne clémence,
Et de mon juge irrité
La sévère autorité.

Mes crimes nombreux
S'offrent à ma vue ;
Ah ! qu'ils sont affreux !
J'en ai l'âme émue :
Je ne vois que châtiment,
Si je ne change à l'instant.

L'enfer à mes yeux
Sous mes pieds s'entr'ouvre,
Mille maux affreux
La foi m'y découvre :
Ah ! trop tard j'ai médité
La terrible éternité.

Touché de mes pleurs,
Ce Dieu me pardonne ;
De mille faveurs
Sa main me couronne.
Quelle ineffable bonté !
Ah ! j'en suis tout transporté !

Venez tous, pécheurs,
Venez aux Retraites
Goûter des douceurs
Pures et parfaites ;
Venez laver dans vos pleurs
De vos crimes les horreurs.

176. — Souvenirs d'Innocence.

AIR N° 176.

Combien j'ai douce souvenance
Des beaux jours de mon innocence !
Mon Dieu ! qu'ils étaient beaux ces jours
  D'enfance,
Où vous faisiez mes seuls amours,
  Toujours.

Il me souvient du sanctuaire
Où j'allais faire ma prière
A la Vierge aux regards pieux,
  Ma mère,

Gardienne des trésors précieux
  Des cieux !

Il me souvient des doux cantiques
Qu'enfants, aux lèvres angéliques,
Nous chantions le long des chemins
  Rustiques,
Comme au ciel font les Chérubins
  Si saints.

Et puis il me souvient encore
Qu'un jour le Dieu que tout implore,
Que tout, sur terre comme au ciel,
  Adore,
Versa dans mon cœur de mortel
  Son miel.

Oh ! qui me rendra l'innocence
Des heureux jours de mon enfance.
Qu'ai-je trouvé dans mes détours ?
  Souffrance !
Mon Dieu, soyez mes seuls amours,
  Toujours !

177. — Sentiments de Contrition.
AIR N° 177.

Mon doux Jésus, enfin voici le temps
De pardonner à nos cœurs pénitents ;
 Nous n'offenserons jamais plus   } bis.
  Votre bonté suprême,
   O doux Jésus !

De mes péchés vous portez tout le poids,
Vous expirez sur un infâme bois ;
 Je mettrai donc tout mon plaisir   } bis.
  A répandre des larmes
   De repentir.

Puisqu'un pécheur vous a coûté si cher,
Faites-lui grâce, il ne veut plus pécher.
 Ah ! ne perdez pas, cette fois,   } bis.
  La conquête admirable
   De votre croix.

Enfin, mon Dieu ! nous sommes à genoux

Pour vous prier de pardonner à tous ;
Pardonnez-nous, ô Dieu clément ! } bis.
Lavez-nous de nos crimes,
Dans votre sang.

Si votre amour en vous livrant pour nous
D'un juste juge a calmé le courroux,
Oui, c'en est fait, ô Dieu Sauveur, } bis.
Voilà le sacrifice
De notre cœur.

178. — Retour du Pécheur.
AIR N°ˢ 178, 163, 163 bis.

A tes pieds, Dieu que j'adore,
Ramené par mes malheurs,
Tu vois mon cœur qui déplore
Ses écarts et ses erreurs. bis.)
  Seigneur ! Seigneur !
Ah ! reçois, reçois encore
Mes soupirs et ma douleur. b.
A tes pieds, etc.

Si mon crime, qui te blesse,
Sollicite ton courroux ;
Ton indulgence te presse
De me sauver de tes coups. b.
  Seigneur ! Seigneur ;
J'attends tout de ta tendresse ;
Désarme ton bras vengeur. b.
A tes pieds, etc.

Israël, jadis coupable,
Pleure ses égarements :
Bientôt la main secourable
Fait cesser les châtiments. b.

  Seigneur ! Seigneur !
Jette un regard favorable
Sur ce malheureux pécheur. b.
A tes pieds, etc.

Je ne puis rien sans ta grâce ;
Daigne donc me secourir :
Seul j'ai causé ma disgrâce,
Seul je ne puis revenir. b.
  Seigneur ! Seigneur !
L'espérance enfin remplace
Une trop juste frayeur. b.
A tes pieds, etc.

Mes regrets sont ton ouvrage,
Mes regrets sont mon bonheur :
Qu'ils te vengent de l'outrage
Dont fut coupable mon cœur. b.
  Seigneur ! Seigneur !
Que ce cœur, long-temps volage,
N'aime plus que sa douleur. b.
A tes pieds, etc.

179. — Retour de l'Enfant prodigue.
AIR N° 179.

Comment goûter quelque repos
Dans les tourments d'un cœur coupable ?
Loin de vous, ô Dieu tout aimable !

Tous les biens ne sont que des maux
J'ai fui la maison de mon Père,
A la voix d'un monde enchanté;
Il promet la félicité,
Mais il n'enfante que misère. *(bis.)*

Vois, me disait-il, vois le temps
Emporter ta belle jeunesse;
Tu cueilles l'épine qui blesse,
Au lieu des roses du printemps.
Le perfide, pour ma ruine,
Cachait l'épine sous la fleur :
Mais vous, ô Dieu plein de douceur!
Vous cachez les fleurs sous l'épine. *(bis.)*

Créateur justement jaloux,
Ah ! voyez ma douleur profonde :
Ce que j'ai souffert pour le monde
Si je l'avais souffert pour vous!...
J'ai poursuivi dans les alarmes
Le fantôme des vains plaisirs :
Ah ! j'ai semé dans les soupirs,
Et je moissonne dans les larmes. *(bis.)*

Qui me rendra de la vertu
Les douces, les heureuses chaînes?
Mon cœur, sous le poids de ses peines,
Succombe et languit abattu.
J'espérais, ô triste folie!
Vivre tranquille et criminel
J'oubliais l'oracle éternel :
I n'est point de paix pour l'impie. *(bis.)*

De mon abîme, ô Dieu clément!
J'ose t'adresser ma prière.
Cessas-tu donc d'être mon père,
Si je fus un indigne enfant!
Hélas! le lever de l'aurore
Aux pleurs trouve mes yeux ouverts,
Et la nuit couvre l'univers
Que mon âme gémit encore. *(bis.)*

Mais quelle voix!... qu'ai-je entendu!
« D'instruments que l'air retentisse,
« Que le ciel lui-même applaudisse;

« Mon cher fils enfin m'est rendu !... »
Dieu ! je vois mon Père, il s'empresse ;
L'amour précipite ses pas ;
Il veut me serrer dans ses bras,
Baigné des pleurs de sa tendresse. *(bis.)*

LE TOURNEUR.

Autres cantiques pour un temps de retraite et de pénitence. *Voir* la Table des matières.

EUCHARISTIE.

180. — A l'Élévation. (1)

AIR N° 180.

REFRAIN.

Il est sur cet autel,
 L'Eternel ;
Adorons sa présence.
Il est, etc.

Il voile sa grandeur et sa magnificence
 Aux regards du faible mortel. *(bis.)*
Il est, etc.

Je le vois s'avancer (sur son char de victoire : *bis.)*
 Peuples, prosternez-vous ; } *bis.*
 C'est le Dieu de la gloire,
Tombez, tombez à ses genoux.
Il est, etc.

Bénissez, Anges saints, la bonté, la clémence
 De ce Roi puissant, immortel. *(bis.)*
Il est, etc.

C'est pour gagner nos cœurs (que sa grandeur s'abaisse : *bis.)*
 En cet humble séjour, } *bis.*
 Dans nos chants d'allégresse,
Louons, louons ce Dieu d'amour.
Il est, etc.

---

(1) Outre ce Cantique et les suivants, ceux qui se trouvent à la Fête-Dieu peuvent également servir pour l'Elévation ou la Bénédiction.

181. — MÊME SUJET.
AIR N° 181.

Sur cet autel,
Ah ! que vois-je paraître ?
Jésus, mon Roi, mon divin [Maître,
Sur cet autel,
Sainte victime,
Vous expiez mon crime
Sur cet autel.

De tout mon cœur,
Dans ce sacré mystère,
Je vous adore et vous révère
De tout mon cœur :
Bonté suprême,
Que toujours je vous aime
De tout mon cœur.

O doux Agneau !
L'amour vous sacrifie,
Et votre mort nous rend la vie
O doux Agneau !
Que votre flamme
Immole aussi mon âme,
O doux Agneau !

Bénissez-moi,
Dieu de miséricorde ;
Souffrez qu'un pécheur vous [aborde ;
Bénissez-moi ;
Et quoique indigne,
Par une grâce insigne,
Bénissez-moi.

P. BRYDAYNE.

182. — MÊME SUJET.
AIR N°ˢ 182, 5 ; avec le refrain N°ˢ 42, 108, 152.

Que cette voûte retentisse
Des voix et des chants des mortels,
Que tout ici s'anéantisse :
Jésus paraît sur nos Autels. (bis.)

CHŒUR.
Plus il s'abaisse,
Plus sa tendresse
Mérite un généreux retour.
A nos louanges,
O chœurs des anges !
Mêlez vos cantiques d'amour.

Quoique caché dans ce mystère
Sous les apparences du pain,
C'est notre Dieu, c'est notre Père,
C'est le Sauveur du genre humain. (bis.)

O divin époux de nos âmes !
Dans cet auguste Sacrement
Embrasez-nous tous de vos flammes,
En vous faisant notre aliment. (bis.)

183. — Pour la Bénédiction.

AIR N° 183.

Adorons tous,
Adorons tous
Un Dieu si plein de charmes ;
Que notre cœur,
Brûlant d'ardeur,
Adore en lui son Sauveur.

Ce Dieu de clémence
Vient par sa présence,
Combler nos désirs,
Apaiser nos soupirs. (*bis.*)   Adorons, etc.

A ce Dieu seul gloire et louanges,
Au ciel, sur la terre et les mers,
Unissons-nous, dans nos concerts,
Aux saints concerts des anges.

Sonnez, sonnez, et clairons et trompettes, } *bis.*
Formez les sons les plus mélodieux ;
C'est le Roi des cieux. (*bis.*)   Adorons, etc.

184. — Sentiments d'un enfant
à l'approche de sa première Communion.

AIR N° 184 ; sans refrain N°⁸ 194, 1, 119, 189, 235, 248.

Quel doux penser me transporte et m'enflamme
O mon Jésus, c'est vous que j'aperçois ;
Trois jours encore, et je vais dans mon âme
Vous posséder (1) pour la première fois. (*bis.*)

CHŒUR.

Quoi ! dans trois jours vous viendrez dans mon âme,
La visiter pour la première fois !   (*ter.*)

Ah ! bienheureux le cœur tendre et fidèle !...
Il s'en faut bien, Seigneur, que je le sois !
Et je pourrais, moi, pécheur, moi, rebelle,
M'unir à vous pour la première fois !!! (*bis*)   Quoi, etc.

---

(1) Si l'on voulait chanter ce cantique en tout autre temps qu'à la première communion, au lieu de dire *pour la première fois*, on dirait : *ô divin Roi des rois* ; et cela à tous les couplets jusqu'au titre JOUR DE LA COMMUNION.

Longtemps, hélas ! le monde fut mon maître;
Et cet empire il le dut à mon choix.
Plein de remords, oserai-je paraître
Devant mon Dieu pour la première fois ? (*bis.*)   Quoi, etc.

Mais qu'ai-je dit ?... sa bonté m'encourage :
De mes péchés je ne sens plus le poids.
Ah ! dans trois jours achevez votre ouvrage,
Venez à moi pour la première fois.   (*bis.*)   Quoi, etc.

Agneau sans tache immolé pour le monde,
Vous le sauvez en mourant sur la croix.
C'est sur vous seul que mon espoir se fonde ;
Venez à moi pour la première fois.   (*bis.*)   Quoi, etc.

JOUR DE LA COMMUNION.

O saint autel qu'environnent les anges,
Qu'avec transport aujourd'hui je te vois !
Ici mon Dieu, l'objet de mes louanges,
M'offre son cœur pour la première fois.   (*bis.*)

CHOEUR.

Quoi ! dans ce jour vous venez dans mon âme,
La visiter pour la première fois.   (*ter.*)

O mon Sauveur, mon trésor et ma vie,
Epoux divin dont mon cœur a fait choix,
Venez bientôt couronner mon envie,
Venez à moi pour la première fois.   (*bis.*)   Quoi, etc.

O saint transport ! ô divine allégresse !
Déjà mon cœur s'unit au Roi des rois ;
Il est à moi le Dieu de la jeunesse,
Je suis à lui pour la première fois.   (*bis.*)   Quoi, etc.

O jour heureux, jour céleste et propice !
A vous bénir je consacre ma voix.
Le Dieu vivant s'immole en sacrifice
Et me nourrit pour la première fois.   (*bis.*)   Quoi, etc.

Embrasez-moi, Dieu d'amour et de gloire,
Du feu sacré de vos plus saintes lois,
Et pour toujours gravez dans ma mémoire
Ce que je fais pour la première fois.   (*bis.*)   Quoi, etc.

185. — Sentiments sur la Communion.

AIR N° 185.

Quel beau jour! quel bonheur suprême!
Enfants, élevez vos concerts:
La terre devient le ciel même;
Voici le Dieu de l'univers.
Frémissez de joie et de crainte;
Le Verbe descend parmi vous:
Faibles mortels abaissez-vous
  Sous sa majesté sainte.

CHŒUR. { Frémissons de joie et de crainte;
Le Verbe descend parmi nous:
Faibles mortels, abaissons-nous
  Sous sa majesté sainte.

Tendre Pasteur, comme il s'empresse
A me témoigner son amour!
Une mère a moins de tendresse
Pour l'enfant qu'elle a mis au jour. *Frémissons, etc.*

Son trône est porté par les anges,
Il vole sur l'aile des vents;
Il daigne accepter les louanges
De ceux qu'il nomme ses enfants. *Frémissons, etc.*

Eh quoi! ce Dieu bon veut qu'on l'aime;
Il daigne habiter en ces lieux.
Que dis-je? il se donne lui-même:
C'est le plus beau présent des cieux. *Frémissons, etc.*

Seigneur, dans ce nouveau cénacle,
Heureux qui goûte tes bienfaits
A l'ombre de ton tabernacle...
Plus heureux qui n'en sort jamais! *Frémissons, etc.*

DE SAMBUCY.

186. — Actes avant la Communion.

AIR N°° 186, 47.

Troupe innocente
D'enfants chéris des cieux,
  Dieu vous présente
Son festin précieux.
Il veut, ce doux Sauveur,
Entrer dans votre cœur;
Dans cette heureuse attente,
Soyez pleins de ferveur,
  Troupe innocente.

ACTES DE FOI ET D'ADORATION.

Mon divin Maître,
Par quel amour, comment
  Daignez-vous être
Dans votre sacrement?
Vous y venez pour moi.
Plein d'une vive foi,
J'y viens vous reconnaître
Pour mon Sauveur, mon Roi,
  Mon divin Maître.

ACTE D'HUMILITÉ.

Dieu de puissance,
Je ne suis qu'un pécheur:
  Votre présence
Me remplit de frayeur;
Mais pour voir effacés
Tous mes péchés passés,
Un seul trait de clémence,
Un mot seul est assez,
  Dieu de puissance.

ACTE DE CONTRITION.

Mon tendre père,
Acceptez les regrets
  D'un cœur sincère,
Honteux de ses excès:
Vous m'en verrez gémir
Jusqu'au dernier soupir;
Avant de vous déplaire,
Puissé-je ici mourir,
  Mon tendre père!

ACTE D'AMOUR.

Plus je vous aime,
Plus je veux vous aimer,
  O bien suprême
Qui seul peut me charmer!
Mais, ô Dieu plein d'attraits!
Quand avec vos bienfaits
Vous vous donnez vous-même,
Plus en vous je me plais,
  Plus je vous aime.

ACTE DE DÉSIR.

Que je désire
De ne m'unir qu'à vous!
  Que je soupire
Après un bien si doux
Oh! quand pourra mon cœur
Goûter tout le bonheur
D'être sous votre empire!
Hâtez-moi la faveur
  Que je désire.

187. — Bonheur de la Communion.

AIR *Vierge sainte, rose vermeille*, N° 215.

O Jésus! Sauveur admirable,
Prosternés devant ton autel,
Nous venons, ô Dieu tout aimable,
Te rendre un culte solennel.
Tu sais que nous voulons te plaire,
T'aimer, te servir tous les jours;
Daigne te montrer notre Père
  Toujours, toujours, toujours.

Souverain Maître de la terre,
  Avec nous tu veux habiter;
Dans cet adorable mystère,

Jour et nuit, tu daignes rester.
Quel amour ta sainte présence
Nous inspire par ses bienfaits !
T'accueillir par l'indifférence
   Jamais, jamais, jamais.

Chrétiens, chantons l'amour immense
De notre adorable Sauveur,
Publions partout sa clémence ;
Il ne veut que notre bonheur ;
Il daigne se donner lui-même,
Et met le comble à ses bienfaits !
Oublier son amour extrême,
   Jamais, jamais, jamais.

Il vous attend, il vous engage
A son festin délicieux ;
C'est là qu'il vous offre en partage
La douce paix des bienheureux ;
Pour prix de son amour sincère,
Il exige un juste retour.
Nous aimerons ce tendre Père
   Toujours, toujours, toujours.

188. — Désir de la Communion.

AIR N° 188.

O mon bon Jésus ! mon âme vous désire,
Du fond de mon cœur après vous je soupire.

REFRAIN.

O mon bon Jésus ! ô mon cher amour !
Régnez dans mon cœur la nuit et le jour.

O divin Jésus, Epoux des chastes âmes,
Embrasez nos cœurs de vos divines flammes.   O mon, etc.

Bienheureux Martyrs, que je vous porte envie !
D'avoir pour Jésus immolé votre vie.   O mon, etc.

Quand s'accomplira le bonheur où j'aspire
De pouvoir souffrir pour mon Dieu le martyre.   O mon, etc.

Si je n'atteins pas à ce bonheur extrême,
Pour le moins, Seigneur, que je meure à moi-même. O mon, etc.

Car mourir à soi, c'est commencer à vivre,
Et le vrai moyen, mon Jésus, de vous suivre.   O mon, etc.

Quand viendra le jour qu'accompagnés des Anges,
Nous vous donnerons mille et mille louanges !   O mon, etc.

Aimons tous Jésus, et que chacun s'écrie :
Vivent à jamais et Jésus et Marie !   O mon, etc.

189. — MÊME SUJET.
AIR N°⁸ 189, 1, 17, 65, 119, 184, 194, 235, 248.

Tu vas remplir le vœu de ma tendresse,
Divin Jésus, tu vas me rendre heureux ;
O saint amour, délicieuse ivresse !
Dans ce moment mon âme est tout en feux.   (bis.)

Ne tarde plus, mon adorable père,
Ne tarde plus à venir dans mon cœur.
Rien sans Jésus ne peut le satisfaire,
Tout autre objet est pour lui sans douceur.   (bis.)

Divin Epoux, tu descends dans mon âme,
C'est aujourd'hui le plus beau de mes jours.
Que tout en moi se ranime et m'enflamme :
Divin époux, je t'aimerai toujours.   (bis.)

Il est en moi ce Dieu si plein de charmes,
Mon bien-aimé, mon aimable Sauveur ;
Echappez-vous de mes yeux, douces larmes,
Coulez, coulez, annoncez mon bonheur.   (bis.)

Que ce bonheur est grand, incomparable !
Du saint amour je ressens les langueurs :
De ce beau feu, si pur, si désirable,
Ah! qu'à jamais je goûte les douceurs !   (bis.)

190. — MÊME SUJET.
AIR N° 190.

Jésus quitte son trône
Pour visiter mon cœur ;
Il voile sa couronne,
Et cache sa grandeur.

CHOEUR.
O sort digne d'envie!
Quoi ! l'auteur de ma vie
En moi fait son séjour !
O mon âme ravie,
Consume-toi (ter) d'amour.

O Dieu de l'innocence,
Que suis-je devant vous?
Je n'ai rien qui n'offense
Vos yeux purs et jaloux.
O sort, etc.

Je suis votre conquête ;
Commandez en vainqueur ;
Ma gloire est ma défaite,
Vous servir ma grandeur.
O sort, etc.

Mon âme s'est donnée
A l'aimable Jésus :
A son cœur enchaînée,
Elle ne fuira plus.
O sort, et.

C'est assez me poursuivre ;
Vous m'avez su charmer :
Que je cesse de vivre,
Si je cesse d'aimer !
O sort, etc.

Amour pur, amour tendre,
Le cœur qui t'a goûté
Ne doit plus rien attendre
Que l'immortalité.
O sort, etc.

191.— Aspiration envers Jésus-Christ.
AIR Nos 191, 144.

Mon bien-aimé ne paraît pas encore ;
Trop longue nuit, dureras-tu toujours ?
    Tardive aurore,
    Hâte ton cours,
Rends-moi Jésus, ma joie et mes amours :
Mon doux Jésus, que seul j'aime et j'implore.

De ton flambeau déjà les étincelles,
Astre du jour, raniment mes désirs ;
    Tu renouvelles
    Tous mes soupirs :
Servez mes vœux ; avancez mes plaisirs,
Anges du ciel, portez-moi sur vos ailes.

Je t'aperçois, asile redoutable,
Où l'Eternel descend de sa grandeur,
    Temple adorable
    Du Rédempteur ;
Si dans tes murs il voile sa splendeur,
Ce Dieu d'amour n'en est que plus aimable.

Sans nul éclat le grand Dieu va paraître ;
De cet autel il vient s'unir à moi.
    Est-ce mon maître ?
    Est-ce mon roi ?
Laissez, mes yeux, laissez agir ma foi :
Un œil chrétien ne peut le méconnaître.

APRÈS LA COMMUNION.

Du Roi des rois je suis le tabernacle ;
Oui, de mon âme un Dieu devient l'époux.
  Charmant spectacle,
  Espoir trop doux !
Rendez, grand Dieu, mon cœur digne de vous !
Votre amour seul peut faire ce miracle.

Je m'attendris sans trouble et sans alarmes
Amour divin, je ressens vos langueurs ;
  Heureuses larmes,
  Aimables pleurs !
Oh ! que mon cœur y trouve de douceurs !
Tous vos plaisirs, mondains, ont-ils ces charmes ?

Ce pain des forts soutiendra mon courage.
Venez, démons, de mon bonheur jaloux :
  Que votre rage
  Vous arme tous ;
Je ne crains point vos plus terribles coups ;
De ma victoire un Dieu devient le gage.

Pour un pécheur que sa tendresse est grande !
Qu'elle mérite un généreux retour !
  Dieu, quelle offrande
  Pour tant d'amour !
Prenez mon cœur, je vous l'offre en ce jour ;
Ce cœur suffit, c'est tout ce qu'il demande.

        FÉNELON

192. — MÊME SUJET.

AIR N° 192.

Comblez mes vœux et devancez l'aurore,
O Dieu d'amour, digne objet de nos cœurs !

   CHŒUR.

Quels plaisirs purs ! quelles chastes douceurs !
Oui, je le sens, (bis) c'est le Dieu que j'adore,
Oui, je le sens, (bis) c'est le Dieu que j'adore.

Tendre Jésus, votre amour me dévore ;
Vous m'enflammez des plus vives ardeurs.
Quels plaisirs purs ! etc.

O douce paix que le pécheur ignore,
Enivrez-moi, faites couler mes pleurs.
Quels plaisirs purs ! etc.

Banquet sacré de l'époux qui m'honore,
Versez sur moi vos célestes faveurs.
Quels plaisirs purs ! etc.

Ah ! c'en est fait, ô mon Dieu, je déplore
D'un cœur ingrat les coupables erreurs.
Quels plaisirs purs ! etc.

De Sambucy.

193. — MÊME SUJET.

AIR Nos 193.

Quel noble feu vient enflammer mon cœur !
Quel doux objet me fait sentir ses charmes !
Seigneur, c'est toi qui descends en vainqueur
Pour me communiquer ta gloire et ton bonheur.
  Aimable sort !
  Quel doux transport
Fait de mes yeux couler d'heureuses larmes !
Amour divin, je te cède les armes ;
 Je ne veux plus suivre que ta voix :
Fixe à jamais mon âme sous tes lois.

O terre ! ô ciel ! le Fils de l'Eternel
Sur cet autel daigne aujourd'hui descendre,
A ses enfants, dans ce jour solennel,
Lui-même vient prouver son amour paternel.
  Qu'il a d'attraits !
  Que ses bienfaits
Peignent son cœur et généreux et tendre !
Qui d'entre nous eût jamais pu prétendre
 Que celui qui règne dans les cieux,
Vint avec nous habiter dans ces lieux !

De mon salut ô gage précieux !
Tu me promets une éternelle gloire ;
 Bientôt, Seigneur, je pourrai dans les cieux,
Contempler de ton front l'éclat majestueux.

Que tes bienfaits
Soient à jamais,
En traits de feu, gravés dans ma mémoire;
Mais, dans ce jour, couronne ta victoire
Que mon cœur soit à toi sans retour :
Il te suffit pour prix de ton amour.

De ta maison, éternelle beauté,
L'auguste pompe a pour moi mille charmes.
Autels sacrés, témoins de sa bonté,
Vous le serez aussi de ma fidélité.
Du Dieu d'amour
Charmant séjour!
Ici je viens déposer mes alarmes :
Contre l'enfer, ici je prends des armes;
Et, nourri de la Divinité,
En paix je marche à l'immortalité.

194. — MÊME SUJET.

AIR N°° 194, 189, 1, 65, 119, 184, 235, 248.

Cédons, mon âme, à Jésus, qui me presse;
En ce moment il veut combler mes vœux,
Il me reçoit, m'embrasse et me caresse,
S'unit à moi par d'ineffables nœuds. (bis.)

Douce union, mélange inexprimable,
Excès d'amour, prodige de bonté;
Ah! je deviens au Créateur semblable ;
Il me fait part de sa divinité. (bis.)

Déjà mon cœur, plein d'un amour extrême,
Boit à longs traits les célestes douceurs;
Et reposant dans le sein de Dieu même,
Il goûte en paix les plus douces faveurs. (bis.)

Heureux un cœur qui pour Jésus soupire,
Qui nuit et jour le cherche avec ardeur!
Il voit bientôt terminer son martyre :
Même ici-bas il trouve le bonheur. (bis.)

O doux banquet, où, par un saint échange,
Dieu fait sentir son amour le plus vif;
Qui le croirait? sous mes lois il se range;
Pour me gagner, il devient mon captif. (bis.)

Divin Sauveur, objet seul plein de charmes,
Ah! demeurez, ne vous éloignez pas;
Vivre sans vous, dans ce séjour de larmes,
Serait pour moi plus dur que le trépas.   (bis.)

195. — Après la Communion.
AIR N° 195.

Suspendez, célestes archanges,
Suspendez votre hymne éternel;
C'est moi seul qui du Roi du ciel
Ai droit de chanter les louanges.

REFRAIN.

Je suis tout plein du Dieu dont vous formez la cour;
C'est à moi de chanter sa gloire et son amour.   (bis.)

Le Dieu que vous louez sans cesse
A daigné descendre en mon cœur;
Je suis le temple du Seigneur:
O jour de gloire et d'allégresse!   Je suis, etc.

Son esprit pénètre mon âme;
Sa chair est ma chair, je le sens;
Son sang circule avec mon sang,
Et son céleste feu m'enflamme.   Je suis, etc.

Laissez-moi donc, chœurs séraphiques,
Laissez-moi louer votre Roi;
S'il n'est pas en vous comme en moi,
Près du mien que sont vos cantiques?   Je suis, etc.

Et toi, reçois, Père suprême,
L'hymne que t'offre un vil pécheur;
Il est digne de toi, Seigneur,
Quand c'est l'hymne de ton fils même.   Je suis, etc.

196. — MÊME SUJET.
AIR N°s 230, 82, 111, 113, 158, 211.

CHOEUR.

ue mon sort a de charmes!	Amour, honneur et gloire
'sus est dans mon cœur;	A Jésus, mon Sauveur;
e ne crains plus d'alarmes;	A lui seul la victoire:
u'il est doux mon bonheur!	Qu'il règne dans mon cœur.

Ma joie est ineffable,
Jésus est dans mon cœur;
De son joug tout aimable
Je fais tout mon bonheur.
Amour, etc.

A Jésus la victoire
Sur ce monde trompeur;
Je mets toute ma gloire
A servir mon Sauveur.
Amour, etc.

Adieu, monde perfide,
Adieu, vaine grandeur;
J'ai le seul bien solide :
Jésus est dans mon cœur.
Amour, etc.

197. — MÊME SUJET.
AIR N° 176.

Je me rappelle sa clémence,
Lorsqu'au jour de mon innocence,
Le Dieu qui se plaît à bénir
    L'enfance,
A mon âme daigna venir
    S'unir.

Oui, je crois les entendre encore
Ces si doux sons qui, dès l'aurore,
S'échappant du haut de la tour
    Sonore,
Annonçaient au loin le retour
    Du jour.

Je vois encore la nef sainte
Dont mille fleurs ornaient l'enceinte,
La place où je priais, tremblant
    De crainte,
En présence du sacrement
    Si grand !

Mais quand le pasteur vénérable
Nous montra le pain adorable,
Et du mystérieux festin
    La table,
Quel saint transport émut soudain
    Mon sein !...

Et quand je sentis en moi-même
La présence du Dieu suprême,
Que je lui répétai longtemps :
    « Je t'aime !... »

Quelle ivresse agita mes sens
>Brûlants!

Plaisirs sacrés! chastes délices!
Du ciel vous êtes les prémices....
Heureux qui peut fuir tous les jours
>Les vices,
Et dont Jésus est les amours
>Toujours!

198. — MÊME SUJET.

AIR N° 198 bis.

>Chantons en ce jour
Jésus et sa tendresse extrême;
>Chantons en ce jour
Et ses bienfaits et son amour.
>>Il a daigné lui-même
>>Descendre dans nos cœurs;
>>De ce bonheur suprême
>>Célébrons les douceurs. Chantons, etc.

>>O Dieu de grandeur!
Plein de respect, je vous révère,
>>O Dieu de grandeur!
J'adore dans vous mon Seigneur.
>>Si ce profond mystère
>>Vient éprouver ma foi,
>>C'est l'amour qui m'éclaire
>>Et vous découvre à moi. O Dieu, etc.

>>Aimons le Seigneur,
Ne cherchons jamais qu'à lui plaire;
>>Aimons le Seigneur!
Il fera seul notre bonheur.
>>Ami le plus sincère,
>>Généreux bienfaiteur;
>>Il est plus, il est père:
>>Donnons-lui notre cœur. Aimons, etc.

>>Pour tous vos bienfaits,
Que vous offrir, ô divin Maître,
>>Pour tous vos bienfaits
Je me donne à vous pour jamais.

En moi je sentis naître
Les transports les plus doux,
Quand je pus vous connaître
Et m'attacher à vous.   Pour, etc.

O Dieu tout puissant,
Par ta divine providence,
O Dieu tout puissant,
Conserve mon cœur innocent.
Dès la plus tendre enfance,
Tu guidas tous mes pas ;
Soutiens mon innocence,
Couronne mes combats.   O Dieu, etc.

199. — MÊME SUJET.

AIR N° 199 ; sans refrain N°s 194, 189, 119, 184.

REFRAIN.

Chantons, chantons,
   Ah ! quel beau jour !   (ter.)
Chantons, chantons,
   Ah ! quel beau jour !   (ter.)
Dieu se donne à sa créature,
Pour lui servir de nourriture.
Admirons cet excès d'amour,
Et répétons : ah ! quel beau jour !   (bis.)

Qu'ils sont aimés, grand Dieu, tes tabernacles,
Qu'ils sont aimés et chéris de mon cœur !
Là, tu te plais à rendre tes oracles,
La foi triomphe et l'amour est vainqueur.
   Chantons, etc.

Qu'il est heureux celui qui te contemple
Et qui soupire aux pieds de tes autels !
Un seul moment qu'on passe dans ton temple
Vaut mieux qu'un siècle, au palais des mortels.
   Chantons, etc.

Je nage au sein des plus pures délices ;
Le ciel entier, le ciel est dans mon cœur :
Dieu de bonté, de faibles sacrifices
Méritaient-ils cet excès de bonheur !
   Chantons, etc.

Autour de moi les Anges en silence
D'un Dieu caché contemplent la splendeur;
Anéantis en sa sainte présence,
O chérubins, enviez mon bonheur !
    Chantons, etc.

En souverain règne, commande, immole;
Règne surtout par le droit de l'amour.
Adieu, plaisirs ; adieu, monde frivole ;
A Jésus seul j'appartiens sans retour.
    Chantons, etc.

Le Tourneur.

200. — MÊME SUJET.
AIR Nos 200, 90, 155.

Célébrons ce grand jour par des chants d'allégresse !
    Nos vœux sont enfin satisfaits.
Bénissons le Seigneur, publions sa tendresse,
    Chantons, exaltons ses bienfaits !
    Pour nous, tout pécheurs que nous sommes,
      Il descend des cieux en ce jour :
    C'est parmi les enfants des hommes
      Qu'il aime à fixer son séjour.

CHŒUR.
> Chantons sous cette voûte antique
> Le Dieu qui règne dans nos cœurs :
> Célébrons, par un saint cantique,
> Et notre amour et ses faveurs.   (bis.)

Comme nous, en ce jour, nourris du pain des Anges,
    Bénissez-le jeunes chrétiens ;
Chantons-le tour à tour, répétons les louanges
    Du Dieu qui nous comble de biens.
    Bon Pasteur, aux gras pâturages
      Il conduit ses jeunes agneaux ;
    Il les mène aux plus frais ombrages,
      Les abreuve aux plus claires eaux.   Chantons, etc.

Heureux, Seigneur, celui qui marche à ta lumière ;
    Sur ta loi réglant tous ses pas,
Et qui, dans l'innocence achevant sa carrière,
    S'endort paisible entre tes bras :
    Son nom, qui fleurit d'âge en âge,
      D'un doux parfum répand l'odeur ;

De la terre il reçoit l'hommage,
Du ciel il goûte le bonheur.   Chantons, etc.

Oui, Seigneur, désormais rangés sous ton empire,
Nous y voulons vivre et mourir ;
Mais ce vœu que l'amour aujourd'hui nous inspire,
Pouvons-nous sans toi l'accomplir ?
C'est toi qui nous donnas la vie ;
Que ta grâce en règle le cours !
Que ta loi constamment suivie
Console enfin nos derniers jours !   Chantons, etc.

201. — MÊME SUJET.

AIR Nos 201, 8, 86, 237.

L'encens divin embaume cet asile ;
Quel doux concert ! quel chant mélodieux !
Mon cœur se tait, et mon âme est tranquille :
La paix du ciel habite dans ces lieux.

REFRAIN.
{ O pain de vie !
  O mon Sauveur !
  L'âme ravie
  Trouve en vous son bonheur. } bis.

Pour embellir le temple de mon âme,
Le Très-Haut daigne y fixer son séjour.
Je le possède, il m'inspire, il m'enflamme,
Je l'ai trouvé, je l'aime sans retour.   O pain, etc.

Je vous adore au dedans de moi-même ;
Je vous contemple à l'ombre de la foi ;
O Dieu, mon tout ! ô majesté suprême !
Je ne vis plus, mais Jésus vit en moi.   O pain, etc.

Que vous rendrai-je, ô Sauveur plein de charmes,
Pour tous les dons que j'ai reçus de vous ?
Prenez ce cœur et recueillez mes larmes :
Double tribut dont vous êtes jaloux.   O pain, etc.

Je l'ai juré, je vous serai fidèle,
Je vous promets un immortel amour,
Tant qu'à la nuit une aurore nouvelle
Succédera pour ramener le jour !   O pain, etc.

Ah ! que ma langue immobile et glacée

En ce moment s'attache à mon palais,
Si de mon cœur s'efface la pensée
De votre amour comme de vos bienfaits. O pain, etc.

De Sambucy.

202. — Engagement d'être à Dieu.
AIR Nos 202, 26, 54, 138.

Mon cœur, en ce jour solennel
Il faut enfin choisir un maître ;
Balancer serait criminel,
Quand Dieu seul est digne de l'être.

C'en est donc fait, ô Dieu Sauveur,   } bis.
A vous seul je donne mon cœur.

A qui doit-il appartenir,
Ce cœur qui vous doit l'existence,
Que vous avez daigné nourrir
De votre immortelle substance ?   C'en est, etc.

A chercher la félicité,
Hélas ! en vain je me consume ;
Loin de vous tout est vanité,
Déplaisir, tristesse, amertume.   C'en est, etc.

Vous seul pouvez me rendre heureux ;
Je le sens, oui, votre présence
A pleinement comblé mes vœux
Et fixé ma longue inconstance.   C'en est, etc.

Que sont tous les biens d'ici-bas ?
Qu'ils ont peu de valeur réelle !
Tous ensemble ils ne peuvent pas
Satisfaire une âme immortelle.   C'en est, etc.

Que puis-je désirer de plus ?
Je possède mon Dieu lui-même.
Ah ! tous les biens sont superflus
Quand on jouit du bien suprême.   C'en est, etc.

Vous m'avez dit avec douceur :
Mon enfant, prends mon joug aimable,
Quand on le porte avec ardeur,
Il est léger, doux, agréable.   C'en est, etc.

203. — Actions de Grâces.

AIR Nos 203, 213, 253.

REFRAIN. { Bénissons à jamais
Le Seigneur dans ses bienfaits. } *bis.*

Bénissez-le, saints Anges :
Louez sa majesté ;
Rendez à sa bonté
Mille et mille louanges.
   Bénissons, etc.

Oh ! que c'est un bon Père,
Qu'il a grand soin de nous !
Il nous supporte tous,
Malgré notre misère.
   Bénissons, etc.

Comme un pasteur fidèle,
Sans craindre le travail,
Il ramène au bercail
Une brebis rebelle.
   Bénissons, etc.

Il a guéri mon âme,
Comme un bon médecin ;
Comme un maître divin,
Il m'éclaire et m'enflamme.
   Bénissons, etc.

Que tout loue en ma place
Un Dieu si plein d'amour,
Qui me fait chaque jour
Une nouvelle grâce.
   Bénissons, etc.

Sa bonté me supporte,
Sa lumière m'instruit,
Sa beauté me ravit,
Son amour me transporte.
   Bénissons, etc.

Dieu seul est ma tendresse,
Dieu seul est mon soutien,
Dieu seul est tout mon bien,
Ma vie et ma richesse.
   Bénissons, etc.

204. — Persévérance.

AIR N° 204.

Jour heureux, sainte allégresse,
Jésus règne dans mon cœur !
Pourquoi donc, sombre tristesse,
Viens-tu troubler mon bonheur ?
Hélas ! de mon inconstance
J'ai l'affligeant souvenir ;
Et pour ma persévérance
Je redoute l'avenir.

CHOEUR. { Doux Sauveur de l'enfance,
Cache-nous dans ton cœur ;
Conserve-nous la ferveur,
Et le bonheur et l'innocence :
Conserve-nous la ferveur,
Et l'innocence et le bonheur.

Ah! je connais ma faiblesse,
Mes penchants impérieux,
Et la dangereuse ivresse
Que le monde offre à mes yeux.
Dans sa fureur meurtrière
Je vois l'enfer accourir :
Ah! si tout me fait la guerre,
Ne faudra-t-il pas périr ?   *Doux, etc.*

Quoi ! me dit le Dieu suprême,
Tu pourrais fuir mes autels ?
Quoi, tu briserais toi-même
Ces nœuds chers et solennels !
Contre toi tout court aux armes,
Tout conspire à t'entraîner ;
Cher objet de tant de larmes,
Veux-tu donc m'abandonner ?   *Doux, etc.*

Moi, trahir le Dieu que j'aime !
Jésus, déchirer ton cœur !
T'oublier, beauté suprême,
Outrager mon bienfaiteur !
Ton sang coule dans mes veines,
Et je pourrais te haïr !
Quoi je reprendrais mes chaînes !
Non, Seigneur, plutôt mourir !   *Doux, etc.*

Vierge sainte, ô tendre mère !
Je me jette entre tes bras ;
Là, viens me faire la guerre,
Enfer, je ne te crains pas.
A ton nom, douce Marie,
Je sens mon cœur s'attendrir ;
Qui t'invoque obtient la vie,
Qui t'aime ne peut périr.   *Doux, etc.*

205.—Protestation de n'être qu'à Dieu.

AIR N° 205.

Le monde, par mille artifices,
Cherche à captiver votre cœur ;
Jésus, pour faire son bonheur,
Vous en demande les prémices.

            A qui votre cœur, en ce jour,
            Donnera-t-il la préférence ?

CHŒUR. { A Jésus seul tout mon amour : } bis.
       { Il veut être ma récompense.

Le fidèle verse des larmes
Que compte un ami généreux ;
Il fuit des plaisirs dangereux,
Sources d'éternelles alarmes.
Mais dans son cœur, sans nul retour,
Habitent la paix, l'espérance.   A Jésus, etc.

Il viendra, ce jour de victoire,
Où paraîtront tous les élus
Autour du trône de Jésus,
Couronné d'amour et de gloire.
Heureux moment, terrible jour,
Sois ma crainte et mon espérance !   A Jésus, etc.

Dieu puissant, pour prix de son zèle,
Fais alors que le bon Pasteur,
Dans les plaines du vrai bonheur
Entre avec son troupeau fidèle !
Là, tous rediront tour à tour,
Transportés de reconnaissance :   A Jésus, etc.

206. — Rénovation des vœux du Baptême.

AIR Nos 206, 239.

Quand l'eau sainte du baptême
Coula sur vos fronts naissants,
Et qu'un Dieu, la bonté même,
Vous adopta pour enfants ;
  Muets encore,
D'autres promirent pour vous :
Aujourd'hui confessez tous
La foi dont un chrétien s'ho-
                   [nore.

CHOEUR.

Foi de nos pères,
Notre règle et notre amour,

Nous embrassons en ce jour
Et la morale et tes mystères.

En vain à ma foi soumise
S'oppose un orgueil trompeur;
Sur les traces de l'Eglise
Puis-je marcher dans l'erreur?
  Trinité sainte,
Je te confesse et te crois,
Et je t'adore trois fois,
Et plein d'amour et plein de
     Foi, etc.   [crainte.

Annoncé par mille oracles,

Et de la terre l'espoir,
L'Homme-Dieu, par ses mi-
[racles,
Fait éclater son pouvoir.
 Victime pure,
Il triomphe du trépas :
Et je n'adorerais pas
En lui l'auteur de la nature !
 Foi, etc.

Par un funeste héritage,
Nos parents, avec le jour,
Nous transmirent en partage
La haine d'un Dieu d'amour.
 J'implore et crie :
Dieu s'offense de mes pleurs.
Mais Jésus a dit : Je meurs,
Et sa mort me rend à la vie.
 Foi, etc.

Ciel ! quelle robe éclatante !
Quel bain pur et bienfaisant !
Quelle parole puissante
De Dieu m'a rendu l'enfant !
 Je te baptise....

Le ciel s'ouvre, plus d'enfer ;
Et des Anges le concert
M'introduit au sein de l'Eglise.
 Foi, etc.

Loin de moi, monde profane !
Fuis, ô plaisir séduisant !
L'Evangile vous condamne,
Vous blessez en caressant.
 Sous votre empire,
Mon Dieu, sont tous les trésors ;
Vos douceurs sont sans re-
[mords,
C'est pour elles que je soupire.
 Foi, etc.

Loin de ces tentes coupables
Où s'agite le pécheur,
Sous vos pavillons aimables
J'irai jouir du bonheur.
 Avant l'aurore
Mon cœur vous appellera,
Et quand le jour finira
Mes chants vous béniront en-
 Foi, etc.   [core.
    Le Tourneur.

207. — MÊME SUJET.
AIR Nos 207, 250.

J'engageai ma promesse au baptême ;
Mais pour moi d'autres firent serment :
Dans ce jour je vais parler moi-même,
Je m'engage aujourd'hui librement. Je m'engage, etc.

Je crois donc en un Dieu trois personnes,
De mon sang je signerais ma foi :
Faible esprit, vainement tu raisonnes ;
Je m'engage à le croire, et je crois. Je m'engage, etc.

A la foi de ce premier mystère
Je joindrai la foi d'un Dieu sauveur ;
Sous les lois de l'Eglise, ma mère,
Je m'engage et d'esprit et de cœur. Je m'engage, etc.

Sur les fonts, dans cette eau salutaire,

Pour enfant Dieu daigna m'adopter ;
Si j'en ai souillé le caractère,
Je m'engage à le mieux respecter.   Je m'engage, etc.

Je renonce aux pompes de ce monde,
A la chair, à tous ses vains attraits :
Loin de moi, Satan, esprit immonde,
Je m'engage à te fuir pour jamais.   Je m'engage, etc.

Oui, mon Dieu, votre seul Evangile
Réglera mon esprit et mes mœurs :
Dussiez-vous en gémir, chair fragile,
Je m'engage à toutes ses rigueurs.   Je m'engage, etc.

Sur vos pas, ô mon divin modèle ;
Plus heureux qu'à la suite des rois,
Plein d'horreur pour ce monde infidèle,
Je m'engage à porter votre croix.   Je m'engage, etc.

CONFIRMATION.

208. — Invocation au Saint-Esprit.

AIR N° 110, 18.

Quel feu s'allume dans mon cœur ?
Quel Dieu vient habiter mon âme ?
A son aspect consolateur,
Et je m'éclaire et je m'enflamme.
Je t'adore, Esprit créateur.

REFRAIN.

Parais, Dieu de lumière,   (*bis.*)
Et viens renouveler la face de la terre.

Je vois mille ennemis divers
Conjurer ma perte éternelle ;
J'entends tous leurs complots pervers :
Dieu, rompts leur trame criminelle :
Qu'ils retombent dans les enfers.   Parais, etc.

Quels sont ces profanes accents,
Ces ris et ces pompeuses fêtes ?
De Baal ce sont les enfants ;

De fleurs ils couronnent leurs têtes
Que va frapper la faux du Temps.   *Parais, etc.*

Quoi ! pour un moment de plaisir,
Mon Dieu, j'oublirais ta loi sainte !
Dans l'égarement du désir,
Je pourrais vivre sans ta crainte !
Non, mon Dieu, non, plutôt mourir.   *Parais, etc.*

Si, quelques moments, égaré,
Je te fuyais, beauté divine,
Allume en mon cœur déchiré,
Allume une guerre intestine ;
De remords qu'il soit dévoré.   *Parais, etc.*

Ah ! plutôt règne, Dieu d'amour,
Sur ce cœur devenu ton temple ;
Que je t'honore dès ce jour ;
Que mon œil charmé te contemple
Dans l'éclat du divin séjour.   *Parais, etc.*

Le Tourneur.

209. — Après la Confirmation.
AIR Nos 209, 226.

Quelle nouvelle et sainte ardeur
En ce jour transporte mon âme ?
Je sens que l'Esprit créateur
De son feu tout divin m'enflamme.

CHOEUR.

Vive Jésus ! je crois, je suis chrétien ;
    Censeurs, je vous méprise :
Lancez vos traits, lancez, je ne crains rien ;
    Mon bras vainqueur les brise.   *(bis.)*

Il faut, dans un noble combat,
Pour vous, Seigneur, que je m'engage ;
Vous m'avez fait votre soldat,
Vous m'en donnerez le courage.   *Vive, etc.*

Du salut le signe sacré
Arme mon front pour ma défense ;
Devant lui l'enfer conjuré
Perdra sa funeste puissance.   *Vive, etc.*

Seigneur, à vos aimables lois

Le grand nombre serait rebelle,
Que mon cœur, constant dans son choix,
Y serait encor plus fidèle. Vive, etc.

Le mépris d'un monde insensé
Pourrait-il m'alarmer encore ?
Loin de m'en trouver offensé,
Je sens aujourd'hui qu'il m'honore. Vive, etc.

Grand Dieu ! je consens à mourir :
A la mort fallût-il s'offrir,
Ou perdre, hélas ! mon innocence,
Ne souffrez pas que je balance. Vive, etc.

Autres cantiques au Saint-Esprit, voir pages 5, 81, 82.

210. — Pour terminer un jour de fête.

AIR N° 210.

CHOEUR.

Jour heureux, jour de vrai plaisir
Pour une âme innocente et pure,
Jour heureux, jour de vrai plaisir,
Faut-il te voir sitôt finir
Pour une âme innocente et pure ;
Jour heureux, jour de vrai plaisir,
Faut-il te voir sitôt finir ? (4 fois.)

Biens, gloire, beauté frivole ;
Adieu donc, et pour jamais.
Vers Dieu mon âme s'envole ;
Il me comble de bienfaits.
Jour heureux, etc.

Toujours, céleste patrie,
Mon cœur soupire pour toi.
Tu contiens ce que j'envie,
Mon Dieu, mon Père et mon Roi.
Jour heureux, etc.

Sous tes auspices, Marie,
Nous terminons ce beau jour ;
Dans la céleste patrie
Réunis-nous pour toujours.
Jour heureux, etc.

CHANTS A MARIE

POUR

TOUS LES JOURS DU MOIS DE MAI.

1er Jour.

211. — Beau Mois de Marie.

AIR Nos 211, 82, 111, 122, 156, 160, 165, 230.

C'est le mois de Marie,
C'est le mois le plus beau :
A la Vierge chérie
Disons un chant nouveau. *Fin.*

REFRAIN.

Ornons le sanctuaire
De nos plus belles fleurs ;
Offrons à notre Mère
Et nos chants et nos cœurs.
C'est le mois, etc.

De la saison nouvelle
On vante les bienfaits :
Marie est bien plus belle,
Plus doux sont ses attraits.
Ornons, etc.

L'étoile éblouissante
Qui jette au loin ses feux
Est bien moins éclatante,
Son aspect moins pompeux.
Ornons, etc.

Qu'une brillante aurore
Vienne enchanter mes yeux !
Marie efface encore
Cet ornement des Cieux.
Ornons, etc.

Au vallon solitaire,
Le lis, par sa blancheur,
De cette Vierge Mère
Retrace la candeur.
Ornons, etc.

O Vierge, viens toi-même,
Viens semer dans nos cœurs
Les vertus dont l'emblème
Se découvre en des fleurs.
Ornons, etc.

Défends notre jeunesse
Des plaisirs séduisants ;
Montre-nous ta tendresse
Jusqu'à nos derniers ans.
Ornons, etc.

Fais que dans la patrie
Nous chantions à jamais,
O divine Marie,
Ton nom et tes bienfaits.
Ornons, etc.

L'abbé LEFEBVRE.

212. — Oh! qu'elle est bonne.

AIR: *Qu'elle est bonne, Marie.* N° 212.

REFRAIN.
O Marie, ô ma mère,
En toi seule j'espère,
Exauce ma prière,
 Je suis heureux.

C'est la Vierge bénie
Qui porte le Sauveur,
Qui d'une âme attendrie
Augmente la ferveur.
O Marie, etc.

Des cohortes bénies
Elle fait le bonheur;
Ses paroles amies
Raniment le pécheur.
O Marie, etc.

Sa clémence infinie
Désarme le Seigneur,
Sa parole chérie
Apaise la douleur.
O Marie, etc.

Près d'elle la folie
Dépose ses fureurs;
La triste jalousie
Renonce à ses noirceurs.
O Marie, etc.

Heureux qui s'humilie
Aux pieds de sa grandeur,
Et qui se glorifie
D'être son serviteur.
O Marie, etc.

2ᵉ Jour.

213. — Le beau Mois.

AIR: *Bénissons à jamais,* N°ˢ 213, 253.

Réunissons nos voix,
Pour chanter tous à la fois;
 Réunissons nos voix,
Pour chanter le plus beau mois.
 Réunissons, etc.

Ce mois, de notre vie
La plus belle saison,
S'appelle avec raison
Le beau mois de Marie.
Réunissons, etc.

Dans ce mois, la nature
Se pare de ses fleurs;
La vertu de nos cœurs
Doit faire la parure.
Réunissons, etc.

Des oiseaux l'harmonie,

Qui réjouit ces bois,
Semble inviter nos voix
A célébrer Marie.
Réunissons, etc.

Entourons son image
Des fleurs de nos hameaux;
Des plus tendres rameaux
Offrons-lui le feuillage.
Réunissons, etc.

Pour honorer Marie,
C'est trop peu de nos fleurs;
Unissons-y nos cœurs,
C'est le don qu'elle envie.
Réunissons, etc.

Marie, ô notre Mère,
Protégez vos enfants,

Rendez-les triomphants ;
En vous leur cœur espère.
Réunissons, etc.

Aimable Protectrice,

En ce mois, en tout temps,
Aux vœux de vos enfants
Soyez toujours propice.
Réunissons, etc.

Ou C'est le Nom de Marie, *page* 141.

3ᵉ Jour.

214. — Le Mois de Mai.

AIR Nᵒˢ 214, 23, 77, 96, 105, 116, 120, 161, 222, 238.

Devant ton image chérie
Quand nous venons chaque printemps,
Accueille toujours, ô Marie
Les humbles vœux de tes enfants.

CHŒUR.
{ Allons, chrétiens, vers notre reine,
Chargeons ses autels de présents ;
Du ciel l'auguste Souveraine
Bénira nos vœux et nos chants. (*bis.*)

Des fleurs de la saison nouvelle
Quand tes fils parent ton autel,
Sur eux que ta main maternelle
Verse toujours les dons du ciel. Allons, etc.

Pour ces festons, ces verts feuillages
Qu'en ton parvis nous déployons,
Féconde en nos jeunes courages
Les saints désirs que nous portons. Allons, etc.

Dans les sentiers de la justice
Fais-nous marcher d'un pas certain.
Si quelquefois notre pied glisse,
Du haut des cieux tends-nous la main ! Allons, etc.

Du jour sans fin, ô douce aurore,
Alors que paraîtra Jésus,
En le louant, nos voix encore
Loûront la Mère des Elus. Allons, etc.

215. — Marie est notre Mère.

AIR *Vierge sainte, rosa vermeille*, N° 215.

Sainte Vierge, pleine de grâce,
Viens mettre fin à tous nos maux !
L'exil est un mal qui nous lasse ;
Ah ! viens nous donner le repos.

REF.
> Daigne écouter l'humble prière
> Que nous t'adressons tous les jours :
> Reine des cieux sois notre mère, } *bis.*
> Toujours, toujours, toujours.

Ecoute celui qui t'implore,
Tour de David, source d'amour !
Vierge sainte, brillante aurore
Du plus pur et du plus beau jour !   Daigne, etc.

Ecoute notre voix plaintive,
Vierge, rends la paix à nos cœurs !
Guide nos pas sur cette rive
Où nous laissons couler nos pleurs.   Daigne, etc.

L'aquilon souffle sur nos têtes :
Vierge divine, sauve-nous !
Eloigne de nous les tempêtes,
Vois, nous sommes à tes genoux !   Daigne, etc.

Rends-nous cette terre chérie,
Le ciel aimé de notre cœur,
Cette aimable et douce patrie,
Où se trouve le vrai bonheur.   Daigne, etc.

4ᵉ Jour.

216. — Retour du Mois de Mai.

AIR N° 216.

Chrétiens, de la Mère de Dieu
Chantons, célébrons les louanges ;
Et, prosternés dans ce saint lieu,
Saluons la Reine des Anges.

CHŒUR.
> Vierge sainte, acceptez ces fleurs,
> Et ces guirlandes et nos cœurs ;
> Vierge sainte, acceptez ces fleurs,
> Et ces guirlandes et nos cœurs.   (*bis.*)

Le mois des fleurs est de retour;
Rendez nos cœurs purs, ô Marie !
Comme l'azur du plus beau jour,
Et les parfums de la prairie.   Vierge, etc.

Oui, le Seigneur est avec vous,
O Vierge à la grâce divine !
Priez pour nous, priez pour nous ;
Que devant vous tout front s'incline !   Vierge, etc.

O vierge Mère, ouvrez vos bras
A vos enfants dans leurs alarmes;
Veillez sur eux, guidez leurs pas
Au sein de ce vallon de larmes.   Vierge, etc.

L'auréole du séraphin,
Moins que la vôtre est radieuse.
Puissions-nous vous bénir sans fin
Dans l'éternité glorieuse !   Vierge, etc.

217. — Stella Matutina.

AIR N° 39, 78.

T'aimer, ô Marie,
Fait notre bonheur,
O Mère chérie,
Ouvre-nous ton cœur. *Fin.*
Tu vois sur nos têtes
L'orage gronder,
Contre les tempêtes
Viens nous protéger.
T'aimer, etc.

Des nuages sombres
Obscurcissent l'air;
Dissipe les ombres
Que produit l'enfer :
Ta douce lumière,

Astre du matin,
Réjouit la terre,
Rend le ciel serein.
T'aimer, etc.

Sur l'onde en furie,
Le marin troublé
T'adresse, ô Marie !
Un vœu répété :
« Calme la tourmente,
« Détourne la mort,
« Que ta main puissante
« Nous conduise au port. »
T'aimer, etc.

5ᵉ Jour.

218. — Consécration à Marie.

AIR N°ˢ 218, 173, 125, 140.

Du haut du céleste séjour,
Où la gloire est votre apanage,

Marie, agréez en ce jour
Et notre encens et notre hommage ;
Du péché brisant les liens,
Du monde abjurant la folie,
Notre amour, nos cœurs et nos biens, } bis.
Nous consacrons tout à Marie.
CH. Du péché, etc.

En vain par l'attrait du plaisir
Le monde cherche à nous séduire ;
Nos cœurs n'ont plus d'autre désir
Que de vivre sous votre empire.
Le monde est aveugle, trompeur,
Ses plaisirs ne sont que folie,
Et pour trouver le vrai bonheur } bis
Nous consacrons tout à Marie.
Du péché, etc.

Sur nous des plus riches faveurs
Le ciel a versé l'abondance ;
On voit régner dans tous les cœurs
La douce paix et l'innocence.
Nous voulons toujours professer
De la croix la sainte folie ;
Et, pour jamais ne nous lasser, } bis
Nous nous consacrons à Marie.
Du péché, etc.   L'abbé G.

219. — Le Mois des Fleurs.

AIR Reçois nos hommages, N° 219.

REFRAIN.

Auguste Marie
O Mère chérie,
  Sois nos amours
  Toujours, toujours.

O Vierge très pure,
Dans ce mois des fleurs,
Toute la nature
Ranime nos cœurs :   (bis.)
Pour te rendre hommage
Nous prenons courage

Toujours, toujours.
Auguste, etc.

La douce atmosphère
Comme un ciel bien pur,
En ce mois prospère,
Se pare d'azur.   (bis.)
La saison nouvelle
Nous parait plus belle
  Toujours, toujours.
Auguste, etc.

La nature entière

Soumise à la loi,
T'aime, te révère,
S'occupe de toi ; *(bis.)*
Le cri des campagnes
Répond aux montagnes
  Toujours, toujours.
Auguste, etc.

Ta main nous attire
En nous caressant,
Et ton doux sourire
Rend le cœur fervent. *(bis.)*
Ta douce influence

Donne la constance
  Toujours, toujours.
Auguste, etc.

Une âme rebelle
A beau t'offenser,
Son cœur infidèle
Ne peut te lasser ; *(bis.)*
Lorsqu'elle t'implore,
Tu reviens encore
  Toujours, toujours.
Auguste, etc.

6e Jour.

220. — Vœu à Marie.
AIR N° 220.

Vierge Marie,
Daigne sourire à tes enfants ;
  Mère chérie,
  Reçois leurs chants.
Ah ! nous te consacrons les jours de notre vie ;
Daigne en bénir tous les instants :
  Et d'âge en âge,
Pour toi nos vœux toujours croissants
  Seront le gage
  De nos serments.

  Dès la jeunesse,
Auguste Reine de mon cœur,
  T'aimer sans cesse,
  Quelle douceur !
Tu souris à mes vœux : ce signe de tendresse,
Bannit la crainte et la douleur ;
  Il est le gage
De ton amour pour un pécheur,
  Et le présage
  De son bonheur.

  Mère chérie,
Toi que mon cœur aima toujours,

— 194 —

Viens, ô Marie,
A mon secours.
C'est toi qui protégeas l'aurore de ma vie,
Je t'en dois les plus heureux jours ;
De mon jeune âge,
Conserve-moi les sentiments :
C'est le partage
De tes enfants.

Ou Dans ce séjour de l'innocence, *page* 138.

7e Jour.

221. — Amour de Marie.

AIR N° 221.

D'être enfant de Marie
Ah ! qu'il nous est doux ;
Venez, troupe chérie,
Honorons-la tous.

CHOEUR.

Chantons ses louanges,
Chacun tour à tour ;
Imitons les Anges,
Qui brûlent d'amour. } *bis*.

O Divine Marie,
Daigne en ce beau jour
Recevoir pour la vie
Nos cœurs sans retour.
Chantons, etc.

De marcher auprès d'elle
Soyons désireux ;
D'un cœur pur et fidèle
Elle aime les vœux.
Chantons, etc.

Empressés de lui plaire,
Ses vrais serviteurs,
Pleins d'un zèle sincère,
Chantent ses grandeurs.
Chantons, etc.

Aux pieds de votre image,
Voyez vos enfants,
Ils vous offrent l'hommage
De leurs jeunes ans.
Chantons, etc.

222. — Confiance en Marie.

AIR Nos 222, 4, 77, 96, 116, 132, 161, 214.

Trop heureux enfants de Marie,
Venez entourer ses autels ;
Venez d'une Mère chérie
Chanter les bienfaits immortels.

CHŒUR.
> Et vous, célestes chœurs des Anges,
> Prêtez-nous vos divins accords ;
> Que tout célèbre ses louanges,
> Que tout seconde nos transports.

Vierge, quel éclat t'environne
Au brillant séjour des élus !
Le Très-Haut lui-même couronne
En toi la Reine des vertus.   *(Chœur.)*

Contre la timide innocence
L'enfer, le monde conjurés,
Veulent ravir à ta puissance
Ces cœurs qui te sont consacrés.   *(Chœur.)*

Toujours menacé du naufrage,
Toujours rejeté loin du port,
Jouet des vents et de l'orage,
Quel sera donc enfin mon sort ?   *(Chœur.)*

Du sein de la gloire éternelle
Ma Mère anime mon ardeur ;
Si mon cœur lui reste fidèle
Par elle je serai vainqueur.   *(Chœur.)*

8ᵉ Jour.

223. — Bonheur d'aimer Marie.

AIR Nº 103.

J'aime Marie, et je suis aimé d'elle ;
Elle remplit et mon cœur et mes vœux ;
Comme le ciel elle est pure, elle est belle ;
Avec Marie on est toujours heureux.

CH.
> O Marie ! ô ma mère !
> Heureux qui te révère !
> Heureux celui qui t'a donné son cœur !
> Il a trouvé la vie et le bonheur !   *(bis.)*

Dédain, mépris aux hommes de la terre !....
Je ne veux plus leurs plaisirs ni leur or ;
Je trouve tout dans le cœur de ma mère...
J'ai dans Marie un immense trésor.   O marie, etc.

Heureux le jour où la tendre Marie
Me fit connaitre et contempler son cœur !

Oui, dans ce cœur mon cœur puisa la vie...
Avec Marie il n'est plus que bonheur !   O Marie, etc.

Si je soupire et si je me désole,
Le cœur en proie aux plus vives douleurs,
Je dis : Marie !!... et ce nom me console !
Oui, ce nom seul, ce nom tarit mes pleurs ! O Marie, etc.

Ah ! si Marie exauce ma prière,
Seule elle aura mon âme sans retour ;
Je veux l'aimer, la servir sur la terre,
Afin qu'au ciel je la possède un jour !   O Marie, etc.

Ou Salut, ô Marie, *page* 125.

9e Jour.

224. — Invocation à Marie.

AIR N° 224.

REFRAIN.
{ A tes pieds, ô tendre Marie,
{ Tu vois l'amour nous réunir,
{ Ah ! de grâce ! ô mère chérie,
{ Etends ton bras pour nous bénir.   A tes, etc.

Nous pleurons sur la terre,
Tu règnes dans les Cieux ;
Protège, heureuse mère,
Des enfants malheureux.
A tes pieds, etc.

Ta prière puissante
Est l'espoir des pécheurs ;
Reine compatissante,
Offre à Jésus nos pleurs.
A tes pieds, etc.

Jésus, sur le Calvaire,
Nous remit en tes bras ;
Il savait que sa Mère
Ne nous oublirait pas.
A tes pieds, etc.

Tu plains notre misère,
Tu fais notre bonheur.
Et tous les cœurs de mère
Semblent être en ton cœur.
A tes pieds, etc.

C'en est fait, je n'aspire
Qu'au bonheur de t'aimer ;
Ah ! permets que j'expire
Avant de t'oublier.
A tes pieds, etc.

L. A.

225. — A la Reine des Cieux.

AIR Nos 225, 97.

O Marie, ô Reine des cieux,
Sur nous daignez jeter les yeux,

Agréez nos chants et nos vœux ;
Nous invoquons votre puissance,
Soyez notre douce espérance.

CHŒUR.
> O Marie, ô Reine des cieux,
> Sur vos enfants jetez les yeux ;
> O Marie, ô Reine des cieux,
>   O Marie, ô Marie,
> Sur vos enfants jetez les yeux.

Obtenez de notre Sauveur
Qu'il s'empare de notre cœur,
Que toujours il en soit vainqueur ;
Que la sagesse et l'innocence
Règnent en nous par sa présence.   O Marie, etc.

Faites qu'en marchant sur vos pas,
Vierge sainte, à notre trépas,
Nous soyons reçus dans vos bras ;
Rendez-nous Jésus favorable,
A ce passage redoutable.   O Marie, etc.

10ᵉ Jour.

226. — Consécration à Marie.

AIR Nᵒˢ 226, 209.

Rassemblons-nous dans ce saint lieu,
De nos cœurs offrons tous l'hommage ;
A la Mère du Fils de Dieu
Nous voulons être sans partage.

CH.
> Chantons, chantons sa bonté son amour,
>   Elle aime la jeunesse ;
> Jurons, jurons de l'aimer en retour,
>   Et de l'aimer sans cesse.

Nous venons tous, à ses genoux,
Lui jurer l'amour le plus tendre ;
L'aimer est-il rien de plus doux ?
Un cœur pourrait-il s'en défendre ?   Chantons, etc.

Sur vous est fondé notre espoir,
Pour protéger notre jeunesse ;
En vous rendant notre devoir,
Nous vous demandons la sagesse.   Chantons, etc.

Puissent nos faibles sentiments
Trouver toujours les cieux propices !
Ne dédaignez pas des enfants
Qui s'engagent sous vos auspices.　　Chantons, etc.

Rendez-vous sensible à nos vœux,
Nous vous serons toujours fidèles ;
Obtenez-nous, du haut des cieux,
De goûter les joies immortelles.　　Chantons, etc.

227. — Refuge des Pécheurs.
AIR N° 227.

Reine du ciel, Vierge Marie,
O vous, ma patronne chérie !
De tout mortel qui souffre et prie,
Souvenez-vous, souvenez-vous.
Vous d'un Dieu virginale Mère,
Qui des cieux rapprochez la terre ;
Vous par qui le pécheur espère,
Priez pour nous, priez pour nous.　　(bis.)

O des élus fleur précieuse,
Rose blanche et mystérieuse,
De la vierge simple et pieuse
Souvenez-vous, souvenez-vous.
Si notre cœur au jour prospère
S'enfle d'orgueil et pour la terre
S'il vous oublie, ô notre Mère,
Priez pour nous, priez pour nous.　　(bis.)

Quand devant lui le ciel se voile,
Quand le vent déchire sa voile,
Du voyageur, ô blanche étoile,
Souvenez-vous, souvenez-vous.
Souvenez-vous de nos misères,
De nos larmes, de nos prières,
Des enfants qui n'ont plus de mères ;
Priez pour nous, priez pour nous.　　(bis.)

Du pauvre opprimé sans défense,
Du malade sans espérance
Et du mourant sans assistance,
Souvenez-vous, souvenez-vous.

Reine des saints, Reine des anges,
Recevez-nous dans vos phalanges :
Qu'au ciel nous chantions vos louanges.
Priez pour nous, priez pour nous.   (*bis.*)

Mme DE St-JEAN.

11e Jour.

228. — Serment à Marie
AIR Nos 228, 6.

Jurons à la mère d'amour,
   Jurons tous en ce jour
De l'aimer, l'aimer sans retour.

Puisse à jamais notre tendresse
De son cœur nous gagner l'amour !
Dans la vive ardeur qui nous presse,
   Répétons la promesse
De l'aimer, l'aimer sans retour.   *Jurons, ec.*

Nous consacrons, ô Marie, à vous plaire
Nos derniers jours, comme nos jeunes ans ;
Toujours, toujours vous serez notre mère,
   Toujours nous serons vos enfants.   *Jurons, etc.*

Mais ces serments, mon cœur volage
Ira-t-il un jour les trahir ?
Ferai-je à mon cœur cet outrage ?
   Pour jamais je m'engage :
Non, non ; plutôt, plutôt mourir !   *Jurons, etc.*

Heureux l'enfant à ses serments fidèles
Qui pour jamais lui gardera son cœur !
Elle, à son tour, reconnaissant son zèle,
   Du ciel lui promet le bonheur.   *Jurons, etc.*

Enfants d'une mère chérie,
   Affrontez l'enfer sans pâlir :
Que peut contre vous sa furie
   Un enfant de Marie
Jamais, jamais ne peut périr !   *Jurons, etc.*

Gage assuré de succès et de gloire,
Vous les portez ses brillantes couleurs :
Ce saint habit vous promet la victoire,
   Toujours il vous rendra vainqueur.   *Jurons, etc.*

229. — Offrande à Marie.

AIR Nos 229, 4, 132, 222.

CHŒUR.
Daigne agréer, tendre Marie,
Le pur encens de notre amour,
A toi, tous les jours de la vie,
Nous voulons être sans retour. } bis.

Est-il une aussi bonne mère
Qui chérisse ainsi ses enfants ?
C'est sous ton ombre tutélaire
Que les jours coulent innocents.   Daigne, etc.

Dans tes bras la timide enfance
Trouve un refuge protecteur ;
On voit le lis de l'innocence
Sur ton sein puiser la fraîcheur.   Daigne, etc.

Que les mondains aillent du vice
Encenser les dieux criminels :
Nous jurons, Vierge protectrice,
D'aimer ton culte et tes autels.   Daigne, etc.

12e Jour

230. — Amour à Marie.

AIR Nos 230, 82, 111, 122, 156, 160, 165, 211.

Adressons notre hommage
A la Reine des cieux ;
Elle aime de notre âge
La candeur et les vœux.

REFRAIN.

O Vierge sainte et pure !
Notre cœur, en ce jour,
Vous promet et vous jure } bis.
Un éternel amour.

Du beau nom de Marie
Faisons tout retentir ;
Qu'elle-même, attendrie,
Daigne nous applaudir
O Vierge, etc.

Cet autel est le trône
D'où coulent ses faveurs ;
Son divin Fils lui donne
Tous ses droits sur nos cœurs.
O Vierge, etc.

Pour nous qu'elle rassemble
Au pied de son autel,
Jurons-lui tous ensemble
Un amour éternel.
O Vierge, etc.

Marie est notre Mère,
Nous sommes ses enfants ;
Consacrons à lui plaire
Le printemps de nos ans.
O Vierge, etc.

Protégez-nous sans cesse
Dès nos premiers instants ;
Guidez notre jeunesse,
Veillez sur vos enfants.
O Vierge, etc.

Et parmi les orages
D'un monde séducteur
Sauvez-nous des naufrages ;
Gardez bien notre cœur.
O Vierge, etc.

231. — L'Immaculée Conception.

AIR Nos 231, 4, 23, 77, 96, 116, 161, 168, 214, 238.

Quelle est cette aurore nouvelle
Dont le lever est si pompeux ?
Qu'elle est brillante, qu'elle est belle !
Est il d'astre plus radieux ?
Repliant les voiles funèbres,
Trop longue nuit, rentre aux enfers,
Et de l'empire des ténèbres
Délivre enfin cet univers. } bis.

Au milieu d'une race impure,
Ton cœur, Marie, est innocent,
Et tu le montres sans souillure
Aux yeux ravis d'étonnement ;
Tel parmi de tristes ruines
S'élève un temple somptueux ;
Où tel du milieu des épines
S'élance un lis majestueux. } bis.

Du haut des cieux, Vierge puissante,
Laisse-toi toucher de nos maux :
Hélas ! d'une chaîne pesante
Nous traînons les tristes anneaux !
A vivre au milieu des alarmes
Sommes-nous toujours destinés ?
A nous nourrir d'un pain de larmes
Le ciel nous a-t-il condamnés ? } bis.

Souviens-toi que, brisant la tête
Du plus cruel de nos tyrans,
L'univers devient ta conquête,
Et nous devenons tes enfants.
Jésus t'a mise sur le trône
Afin de conjurer ses coups ;
Si ton amour nous abandonne,
Qui pourra le fléchir pour nous ? } bis.

13e Jour.

232. — O Domina mea.

AIR N° 232.

O ma Reine, ô Vierge Marie,
  Je vous donne mon cœur ;
Je vous consacre pour la vie
  Mes peines, mon bonheur.
O ma Reine, etc.

Je me donne à vous, ô ma mère,
  Je me jette en vos bras ;
Marie, exaucez ma prière,   } bis.
  Ne m'abandonnez pas.
O ma Reine, etc.

Je vous donne mon corps, mon âme,
  Aujourd'hui pour jamais ;
Marie, et de vous je réclame   } bis.
  Un doux regard de paix.
O ma Reine, etc.

Je vous donne toute espérance,
  Tout souhait, tout désir,
Marie, ah ! consolez d'avance   } bis.
  Mes peines à venir.
O ma Reine, etc.

Je vous donne la dernière heure
  Du dernier de mes jours ;
Marie, ah ! faites que je meure   } bis.
  En vous aimant toujours.
O ma Reine, etc.

Gloire à Jésus, gloire à sa mère,
  En tout temps, en tous lieux !
Amour et gloire sur la terre,   } bis.
  Gloire, amour dans les cieux.
O ma Reine, etc.

                            L'abbé LEFEBVRE.

Ou Triomphez, Reine des cieux, *page* 186.

14ᵉ Jour.

233. — Notre-Dame d'Espérance.

AIR *Pourquoi cette vive allégresse*, Nᵒˢ 233, 134.

Protégez-nous, Vierge Marie,
O vous dont l'auguste pouvoir
Inspire à l'âme qui vous prie
Le doux sentiment de l'espoir.
Votre égide est l'ancre dernière
Du nautonier près de la mort ;
Soyez l'étoile tutélaire
Qui nous conduise tous au port.

CHOEUR.
{ Mère de la sainte espérance,
{ O vous dont le nom est si doux,
{ Sensible à notre confiance,
{ Reine des cieux, priez pour nous.

Le mondain de notre croyance
Se raille d'un ton dédaigneux ;
Il voudrait voir l'indifférence
Glacer les cœurs religieux :
Aux divins rayons de la grâce,
Ah ! que lui-même ouvre son cœur,
Qu'à nos autels il prenne place
Et goûte enfin le vrai bonheur.   *Mère, etc.*

Pour l'âme abattue et flétrie
Que vous êtes d'un bon secours,
Lorsqu'à votre cœur, ô Marie,
Dans sa tristesse elle a recours !...
Non, jamais en vain l'on n'implore,
Aux jours nébuleux, votre appui,
Et devant vous, brillante aurore,
Toujours les ténèbres ont fui.   *Mère, etc.*

Parmi nous que d'affreux vertiges
A soulevés l'impiété,
Et qu'il reste encor de vestiges
De ce fléau si redouté ;
Mais n'êtes-vous pas le refuge
Des affligés et des pécheurs ?
Ah ! mettez fin à ce déluge
D'iniquités et de malheurs.   *Mère, etc.*

Ne l'oubliez pas, tendre Mère!
Jadis pour la première fois,
Dans cet antique sanctuaire
Paris reconnut tous vos droits;
Et bientôt la France ravie
Salua comme nos aïeux,,
De l'aurore de votre vie
Le premier rayon glorieux.   Mère, etc.

L'abbé HANICLE.

Ou De tes enfants reçois l'hommage, *page* 1:9.

15ᵉ Jour.

234. — C'est elle qui nous console.
AIR N° 234.

Tendre Marie,	Ma tendre mère,	
Mère chérie,	En toi j'espère,	
O vrai bonheur	Sois mes amours	*bis.*
Du cœur!	Toujours!	

Tout ce qui souffre sur la terre
En toi trouve un puissant secours :
Ton cœur entend notre prière,
Et ton cœur nous répond toujours.   Tendre, etc.

Tu nous consoles dans nos peines,
Tu viens à nous dans l'abandon;
Du pécheur tu brises les chaînes,
C'est toi qui donnes le pardon.   Tendre, etc.

Ta douce main sèche nos larmes,
Ton nom si doux guérit nos maux,
Et nous trouvons encor des charmes
A te prier sur des tombeaux.   Tendre, etc.

Tu viens consoler ceux qui pleurent,
Et tu prends soin des malheureux;
Tu viens visiter ceux qui meurent,
Et tu les portes dans les cieux.   Tendre, etc.

C'est toi qui gardes l'innocence
Dans l'âme des petits enfants;
C'est toi qui gardes l'espérance
Dans les cœurs flétris par les ans.   Tendre, etc.

Je te consacre donc mes peines,
Je te consacre mes douleurs;
Unissant mes larmes aux tiennes,
Taris la source de mes pleurs.   *Tendre*, etc.

L'abbé Lefedvre.

235. — Consécration à Marie.
AIR Nos 235 ,1, 17, 119, 194, 243.

A ton autel, incomparable Reine,
Nous accourons offrir nos jeunes ans.
Sois de nos cœurs l'unique souveraine,
Adopte-nous ici pour tes enfants.   *(bis.)*

Oui, nous voulons, ô divine Marie,
Nous consacrer à ton culte en ce jour:
Reçois nos vœux, nos cœurs et notre vie,
Oui, nous voulons être à toi sans retour.   *(bis.)*

L'astre du soir de sa faible lumière,
Guide les pas du tremblant voyageur;
Pour nous sauver la plus sensible mère
Répand sur nous un rayon protecteur.   *(bis.)*

Sans son appui, dans ce lieu de misère
Nous ne pouvons que tomber et périr:
Mais elle voit notre douleur amère;
Nous gémissons et son cœur va s'ouvrir.   *(bis.)*

Ah! dans ce cœur courons cacher nos larmes;
C'est le séjour de la paix, du bonheur;
Heureux qui peut en connaître les charmes!
Heureux qui peut en goûter la douceur!   *(bis.)*

Que ton autel soit notre unique asile,
Jusqu'au trépas sois-y notre secours.
Nous l'espérons, et notre cœur tranquille
En se glaçant t'invoquera toujours.   *(bis.)*

16ᵉ Jour.

236. — Motifs de confiance.
AIR Nos 236, 112.

Vous qu'en ces lieux combla de ses bienfaits
Une mère auguste et chérie,

Enfants de Dieu, que vos chants à jamais
 Exaltent le nom de Marie! (*bis.*)
Je vois monter tous les vœux des mortels
 Vers le trône de sa clémence :
Tout à sa gloire élève des autels
 Des mains de la reconnaissance.

CH. { Nous qu'en ces lieux combla de ses bienfaits
 Une mère auguste et chérie,
Enfants de Dieu, que nos chants à jamais
 Exaltent le nom de Marie. (*bis.*)

Ici sa voix, puissante sur nos cœurs,
 A la vertu nous encourage :
Sur le saint joug elle répand des fleurs ;
 Notre innocence est son ouvrage. (*bis.*)
Si le lion rugit autour de nous,
 Elle étend son bras tutélaire ;
L'enfer frémit d'un impuissant courroux,
 Et le ciel sourit à la terre.   Nous, etc.

Quand le chagrin de ses traits acérés,
 Blesse nos cœurs et les déchire,
Sensible mère, elle est à nos côtés ;
 Avec nos cœurs le sien soupire. (*bis.*)
Combien de fois sa prévoyante main
 De l'ennemi rompit la trame !
Nous la priions, et nous sentions soudain
 La paix descendre dans notre âme. Nous, etc.

Heureux celui qui, dès ses premiers ans,
 Se fit un bonheur de lui plaire !
Heureux ceux qu'elle adopta pour enfants !
 La Reine des cieux est leur mère. (*bis.*)
Oui, sa bonté se plaît à secourir
 Un cœur confiant qui la prie.
Siècles, parlez ... Vit-on jamais périr
 Un vrai serviteur de Marie ?   Nous, etc.

Temple divin, ô asile béni !
 Faut-il donc quitter ton enceinte ?
Faut-il aller de ce monde ennemi
 Braver la meurtrière atteinte ? (*bis.*)
Tendre Marie, ah ! nous allons périr ;
 Le scandale inonde la terre !

Veillez sur nous, daignez nous secourir,
Montrez-vous toujours notre mère.   Nous, etc.

LE TOURNEUR.

Ou Puissante protectrice, *page 9.*

17ᵉ Jour.

237. — Notre cœur repose en Marie.

AIR Nᵒˢ 237, 8, 86, 201.

Mère de Dieu, quelle magnificence
Orne aujourd'hui cet auguste séjour!
C'est en ces lieux que mon heureuse enfance
Vint à tes pieds te vouer son amour.

    Tendre Marie!
    O mon bonheur!
    Toujours chérie,   } bis.
    Tu vivras dans mon cœur.

O mon refuge! ô Marie! ô ma Mère!
Combien sur moi tu versas de bienfaits!
Combien de fois, dans ce doux sanctuaire,
Mon cœur trouva le bonheur et la paix! Tendre, etc.

Mon œil à peine avait vu la lumière,
Et ton amour veillait sur mon berceau;
Tous mes instants, ô mon aimable mère,
Tu les marquas par un bienfait nouveau. Tendre, etc.

Anges! soyez témoins de ma promesse!
Cieux, écoutez ce serment solennel :
« Oui, c'en est fait, mon cœur plein de tendresse
« Jure à Marie un amour éternel. »   Tendre, etc.

Si je pouvais, infidèle et volage,
Un seul instant cesser de te chérir,
Tranche mes jours à la fleur de mon âge,
Oui, j'y consens, fais-moi, fais-moi mourir. Tendre, etc.

DE SAMBUCY.

238. — Bonheur de servir Marie.

AIR Nᵒˢ 238, 4, 23, 77, 96, 120, 161, 168, 214.

Heureux qui, dès le premier âge,
Honorant la Reine des cieux,
Fuit les dons qu'un monde volage
Etale avec pompe à ses yeux.

REFR. { Qu'on est heureux sous son empire!
Qu'un cœur pur y trouve d'attraits!
Tout y ressent, tout y respire
L'amour, l'innocence et la paix.   (*bis*.)

Le vrai serviteur de Marie,
Sûr à jamais de son appui,
Brave l'impuissante furie
De l'enfer armé contre lui.   Qu'on, etc.

Régnez, Vierge sainte, en notre âme,
Vous y ferez régner la paix ;
Gravez dans nous en traits de flamme
Le souvenir de vos bienfaits.   Qu'on, etc.

Mettez à l'ombre de vos ailes
Ces cœurs qui vous sont consacrés ;
Vers les demeures éternelles
Guidez nos pas mal assurés.   Qu'on, etc.

18ᵉ Jour.

239. — Consécration à Marie.

AIR Nᵒˢ 239, 206.

Enfants, venez à Marie
Vous consacrer en ce jour ;
A cette Mère chérie
Exprimez tous votre amour ;
   Et sa clémence
Vous ouvrira ses trésors ;
Ah ! redoublez vos transports ;
Marie aime surtout l'enfance.

CHOEUR.

O notre Mère, [cœurs ;
Nous vous consacrons nos
Et, les yeux baignés de pleurs,
Nous jurons de toujours vous
    [plaire.

Par un coupable délire
L'impie a dit en fureur :

« Pour régner il faut détruire,
« Semons partout la terreur :
   « Que l'innocence
« Soit muette sous nos coups !»
Méchants, que prétendez-vous?
Marie prendra notre défense.
   O notre Mère, etc.

En ce jour, douce Marie,
Nous nous consacrons à vous ;
Pour vous demander la vie,
Nous sommes à vos genoux.
   Sous votre empire
Nous nous rangeons pour ja-
    [mais ;
Et, comblés de vos bienfaits,
Nous ne cesserons de redire :
   O notre Mère, etc.

Ou Réunissons nos voix, *page* 188.

19ᵉ Jour.

240. — Serment de fidélité.

AIR Nᵒˢ 240, 51.

Vous en êtes témoins, Anges du sanctuaire,
De la Mère de Dieu nous sommes les enfants ;
C'en est fait ; et Marie a reçu nos serments :
Honneur, respect, amour à notre auguste Mère.

CHOEUR.

Oui, nous l'avons juré, nous sommes ses enfants ;
L'aimer est de nos cœurs le vœu le plus sincère ;
Et les cieux, mille fois redisant nos serments,
Comme nous mille fois béniront notre Mère.

De puissants ennemis nous déclarent la guerre ;
Je sens mon cœur frémir à l'aspect des combats.
Soutiens-nous, ô Marie ; à nos trop faibles bras
Daigne prêter l'appui de ton bras tutélaire.   Oui, etc.

Si, pour nous enchaîner, des faux biens de la vie
Le monde offre à nos yeux les attraits imposteurs ;
Disons-lui, repoussant ses funestes douceurs :
Mon cœur n'est plus à moi, mon cœur est à Marie. Oui, etc.

L'enfer peut, de sa rage, exciter la tempête ;
Le dragon orgueilleux peut frémir de courroux,
L'invincible Marie a triomphé pour nous ;
De l'antique serpent elle a brisé la tête.   Oui, etc.

Ainsi toujours vainqueurs, si son bras nous seconde,
Et chargés de lauriers dès nos plus tendres ans,
Toujours nous foulerons sous nos pieds triomphants
Les pompes de Satan, les vains plaisirs du monde. Oui, etc.

— — L'abbé B.

Ou Du haut du céleste séjour, *page* 194.

20ᵉ Jour.

241. — Être à Marie.

AIR Nᵒˢ 202, 26, 54, 138.

O puissante Mère de Dieu,
De tous nos cœurs reçois l'hommage !

Vois tes enfants dans ce saint lieu
T'offrant les beaux jours de leur âge,

REFRAIN.

C'en est donc fait, mère d'amour,
Nous serons à toi sans retour.   (*ter*.)

Ce troupeau si cher à ton cœur
S'est réuni sous tes auspices;
Te servir fera son bonheur,
T'aimer, ses plus chères délices.   C'en est, etc.

Daigne, pour prix de notre amour,
Te montrer toujours notre Mère;
Et nous ferons de jour en jour
De nouveaux efforts pour te plaire.   C'en est, etc.

Ah! garde-nous de tout péril,
O pieuse, ô tendre Marie!
Et conduis-nous de cet exil
Dans la bienheureuse patrie.   C'en est, etc.

Puissent tous tes enfants un jour
Se presser autour de ton trône,
Et, pour gage de leur amour,
Placer à tes pieds leur couronne!!!   C'en est, etc.

Ou Souvenez-vous, ô tendre mère, *page* 120.

21e Jour.

242. — Ave, maris stella.

AIR N° 216.

Salut, étoile de la mer,
Porte du Ciel, Vierge féconde,
Vierge qui, désarmant l'enfer,
Mis au jour le Sauveur du monde.

CHŒUR.
{ Mère d'amour, Mère chérie,
Prête l'oreille à nos accents;
Que ta bonté, tendre Marie,
Soit le doux objet de nos chants.   (*bis*.)

Toi que salua Gabriel,
Vierge et Mère pleine de grâce,

Donne aux humains la paix du ciel,
Sois l'Eve que bénit ta race.   Mère, etc.

De ton sein Dieu naquit pour nous ;
Ah ! daigne être aussi notre Mère !
Que nos vœux, par un nom si doux,
Puissent le fléchir et lui plaire !   Mère, etc.

Qu'avec toi dans sa gloire, un jour,
Ainsi formés sur ton image,
L'hymne de l'éternel amour
De nos cœurs y soit le langage.   Mère, etc.

Là, près du Fils qui t'attendrit,
Là, partageant ta douce ivresse,
Avec son Père et son Esprit,
Nos voix le béniront sans cesse.   Mère, etc.

DE GERAMB.

Ou O Marie, ô ma Mère, *page* 188.

22e Jour.

243. — Marie s'élève aux Cieux.

AIR N° 243; sans refrain Nos 4, 77, 96, 116, 161, 214, 231, 238

Ou va ma mère bien-aimée ?
Pourquoi fuit-elle nos déserts ?
De pures flammes consumée,
Elle s'élève dans les airs.
A son aspect tout fait silence,
Le Ciel entier forme sa cour ;
Et le Très-Haut de sa puissance
Honore la Mère d'amour.

REFRAIN.

Du haut des cieux, oubliant votre gloire,
O Vierge, à vos enfants obtenez la victoire,
Et qu'enrichis de vos bienfaits,
Ils entrent tous au séjour de la paix. } *bis.*

Réjouis-toi, terre chérie !
Sion, coule des jours heureux !
Jésus a couronné Marie :
Ta fille est la Reine des cieux.
Unis ta voix aux chœurs des Anges :

Chante la gloire de ce jour,
Et dis : Honneur, amour, louanges
A la Mère du bel amour.   *Du haut, etc.*

Mon cœur palpite : c'est ma mère ;
Oui, c'est ma mère, je le sens...
Chérubins, d'une aile légère
Venez, volez vers ses enfants.
Ils ont franchi le ciel immense ;
Voici Marie avec sa cour :
Prosternons-nous en la présence
De la Mère du bel amour.   *Du haut, etc.*

J'entends sa voix... elle nous presse
De lui redire nos serments.
Répétons-les avec ivresse,
Et jurons d'être ses enfants :
A vous aimer nos cœurs fidèles,
Dans un infidèle séjour,
Vivront à l'ombre de vos ailes,
O Marie! ô Mère d'amour.   *Du haut, etc.*

L'ABBÉ B,

244. — Marie est notre Mère.

AIR Nos 244, 38, 44, 251.

Sion, de ta mélodie
Cesse les divins accords :
Laisse-nous, près de Marie,
Faire éclater nos transports.

REFRAIN.

Sur tes autels, ô Marie!
Tous, d'une commune voix,
Nous jurons toute la vie
D'être soumis à tes lois.

Mais comment, de cette en-
   [ceinte,
Percer les voûtes des cieux ?
Descends plutôt, Vierge sainte,
Et viens régner en ces lieux.
Sur tes, etc.

Viens d'un exil trop sévère
Adoucir les longs tourments :
Ta présence, auguste Mère,
Sera chère à tes enfants.
Sur tes, etc.

Pour toi nous sentons nos âmes
Brûler, en cet heureux jour,
Des plus innocentes flammes,
Du plus généreux amour.
Sur tes, etc.

Ah! puissions-nous à te plaire
Consacrer tous nos instants,
Et prouver à notre Mère
Que nous sommes ses enfants!
Sur tes, etc.

25ᵉ Jour.

245. — Soupirs.
AIR Nᵒ 245.

REFRAIN.

En ce jour,
  O bonne
    Madone, } bis.
Je te donne
Mon amour.

Jour et nuit,
  La terre
    Entière,
Tendre Mère,
Te bénit.   En ce, etc.

Pour toujours
  Mon âme
    S'enflamme,
Et réclame
Ton secours.   En ce, etc.

O pécheur,
  La bonne
    Madone
Te pardonne
De bon cœur. En ce, etc.

Donne-moi,
  Marie
    Chérie,
Pour la vie
D'être à toi. En ce, etc.

Nuit et jour
  Ma lyre
    Soupire,
Pour te dire
Mon amour. En ce, etc.

A la mort,
  Qui prie
    Marie,
Plein de vie
Entre au port. En ce, etc.

L'abbé Lefebvre.

246. — Elle est toute belle.
AIR Nᵒˢ 82, 111, 113, 122, 158, 165, 211, 230.

Enfin de son tonnerre
Dieu dépose les traits;
Et Marie à la terre
Vient annoncer la paix.
Ainsi, quand sa vengeance
Eclate dans les airs,
L'arc de son alliance
Rassure l'univers.

Quelle est touchante et pure!
Le lis qu'ont embelli
Les mains de la nature
Auprès d'elle est flétri;
Les rayons de l'aurore,
Les feux du plus beau jour
Sont bien moins purs encore
Que ceux de son amour.

En vain Satan murmure
Et réclame ses droits:
Sur cette créature
Dieu seul étend ses lois;
Rien dans ce sanctuaire
Ne blessera ses yeux,
Et le cœur de sa mère
Est pur comme les cieux.

D'une tige flétrie
Trop heureux rejeton!
Tu trompes, ô Marie,
La fureur du démon.

Il faut, le ciel l'ordonne,
Que, malgré sa fierté,
Sa tête de ton trône
Soit le premier degré.

Les Anges à Marie
Consacrent leur amour;
De leur reine chérie
Ils composent la cour;
L'homme, dans sa misère,
La demande, et les cieux
Disputent à la terre
Ce trésor précieux.

Venez, auguste Reine;
L'univers en suspens
Attend sa souveraine;
Venez à vos enfants
Préparer la victoire
Sur l'enfer en courroux,
Pour qu'un jour dans la gloire
Ils règnent avec vous.

24ᵉ Jour.

247. — Saint Nom de Marie.

AIR Nᵒˢ 247.

Dans nos concerts
Bénissons le nom de Marie;
Dans nos concerts
Consacrons-lui nos chants divers;
Que tout l'annonce et le publie,
Et que jamais on ne l'oublie
 Dans nos concerts.

Qu'un nom si doux
Est consolant, qu'il est aimable!
Qu'un nom si doux
Doit avoir des charmes pour nous!
Après Jésus, nom adorable,
Fut-il rien de plus délectable
 Qu'un nom si doux?

Ce nom sacré
Est digne de tout notre hommage,
Ce nom sacré
Doit être partout honoré.
Qu'il puisse toujours, d'âge en âge,
Etre révéré davantage,
 Ce nom sacré!

Nom glorieux,
Que tout respecte ta puissance,
Nom glorieux,
Et sur la terre et dans les cieux!

De Dieu tu calmes la vengeance,
Tu nous assures sa clémeuce,
 Nom glorieux !

 Par ton secours,
L'ame, à son Dieu toujours fidèle,
 Par ton secours,
Dans la vertu coule ses jours.
Sa ferveur, son amour, son zèle,
Se nourrit et se renouvelle
 Par ton secours.

Ou Auguste Marie, *page* 192.

25ᵉ Jour.

248. — Salut à Marie.

AIR N° 103 ; sans refrain Nᵒˢ 248, 1, 17, 67, 119, 194, 235.

Je vous salue, auguste et sainte Reine,
Dont la beauté ravit les immortels !
Mère de grâce, aimable souveraine,
Je me prosterne au pied de vos autels.

REF.
 O divine Marie !
  Mère tendre et chérie !
Heureux celui qui vous donne son cœur :
Il a trouvé la vie et le bonheur. (*bis.*)

Je vous salue, ô divine Marie !
Vous méritez l'hommage de nos cœurs ;
Après Jésus, vous êtes et la vie,
Et le refuge, et l'espoir des pécheurs. O divine, etc.

Fils malheureux d'une coupable mère,
Bannis du ciel, les yeux baignés de pleurs :
Nous vous faisons, de ce lieu de misère,
Par nos soupirs, entendre nos douleurs. O divine, etc.

Ecoutez-nous, puissante protectrice ;
Tournez sur nous vos yeux compatissants ;
Et montrez-nous qu'à nos malheurs propice,
Du haut des cieux vous aimez vos enfants. O divine, etc.

O douce, ô tendre, ô pieuse Marie !
O vous de qui Jésus reçut le jour :

Faites qu'après l'exil de cette vie,
Nous le voyions dans l'éternel séjour. O divine, etc.

Ou D'être enfant de Marie, *page* 194.

26ᵉ Jour.
249. — Offrande à Marie.
AIR N° 60.

Tendre Marie,
Souveraine des cieux,
  Mère chérie,
Patronne de ces lieux,
Veille sur notre enfance,
Sauve notre innocence,
  Et de nos jours
Viens embellir le cours.

Mère de vie,
Reine aimable des cieux,
  De Dieu choisie
Pour combler tous nos vœux,
Tu vois notre misère ;
Montre-toi notre Mère ;
  Répands sur nous
Tes bienfaits les plus doux.

L'enfer s'élance,
Et veut dans sa fureur
  De notre enfance
Déjà ternir la fleur :

Mais toujours invincible,
Dans ce combat terrible,
  Par ton saint nom
Je vaincrai le démon.

  Dès le jeune âge,
Soyons tous au Seigneur ;
  De notre hommage
Offrons-lui la ferveur.
Pour embraser nos âmes,
Ah ! prête-nous tes flammes ;
  Jusqu'au Sauveur
Elève notre cœur !

O Bienfaitrice
De nos plus tendres ans !
  O protectrice
De nos derniers moments !
O douce, ô tendre Mère,
Trop heureux de te plaire,
  Tout notre amour
Est à toi sans retour.

Ou C'est le mois de Marie, *page* 187.

27ᵉ Jour.
250. — Louange à Marie.
AIR Nᵒˢ 250, 207.

Je veux célébrer, par mes louanges,
Les grandeurs de la Reine des Cieux ;
M'unissant aux doux concerts des Anges,
Je m'engage à la chanter comme eux. Je m'engage, etc.

Sur vos pas, ô divine Marie !
Plus heureux qu'à la suite des rois,
Dès ce jour, et pour toute ma vie,
Je m'engage à vivre sous vos lois. *Je m'engage, etc.*

Si du monde, écoutant le langage,
Du plaisir j'ai suivi les attraits,
A me donner à vous sans partage
Je m'engage aujourd'hui pour jamais. *Je m'engage, etc.*

Par un culte fidèle et sincère,
Par un vif et généreux amour,
A servir, à chérir une mère
Je m'engage aujourd'hui sans retour. *Je m'engage, etc.*

Mère sensible et compatissante,
Soutenez, au milieu des combats,
Les efforts d'une âme chancelante
Qui s'engage à marcher sur vos pas. *Qui s'engage, etc.*

Unissez vos voix, peuple fidèle,
Aux accords des Esprits bienheureux,
Pour chanter les louanges de celle
Qui s'engage à combler tous nos vœux. *Qui s'engage, etc.*

Ou D'une mère chérie, page 144.

28ᵉ Jour.

251. — Gloire de Marie.

AIR Nᵒˢ 251, 38, 44.

...is aux concerts des Anges,
...mable reine des cieux,
...us célébrons tes louanges,
...r nos chants mélodieux.

REFRAIN.

De Marie
Qu'on publie
la gloire et les grandeurs ;
Qu'on l'honore,
Qu'on l'implore,
'elle règne sur nos cœurs.

Auprès d'elle la nature
Est sans grâce et sans beauté,
Les cieux perdent leur parure,
L'astre du jour sa clarté.
De Marie, etc.

C'est la Vierge incomparable,
Gloire et salut d'Israël ;
Qui pour un monde coupable
Fléchit le courroux du ciel.
De Marie, etc.

13

Faites qu'après l'exil de cette vie,
Nous le voyions dans l'éternel séjour. O divine, et

Ou D'être enfant de Marie, *page* 194.

26ᵉ Jour.
249. — Offrande à Marie.
AIR N° 60.

Tendre Marie,
Souveraine des cieux,
  Mère chérie,
Patronne de ces lieux,
Veille sur notre enfance,
Sauve notre innocence,
  Et de nos jours
Viens embellir le cours.

Mère de vie,
Reine aimable des cieux,
  De Dieu choisie
Pour combler tous nos vœux,
Tu vois notre misère ;
Montre-toi notre Mère ;
  Répands sur nous
Tes bienfaits les plus doux.

L'enfer s'élance,
Et veut dans sa fureur
  De notre enfance
Déjà ternir la fleur :

Mais toujours invincible,
Dans ce combat terrible,
  Par ton saint nom
Je vaincrai le démon.

Dès le jeune âge,
Soyons tous au Seigneur ;
  De notre hommage
Offrons-lui la ferveur.
Pour embraser nos âmes,
Ah ! prête-nous tes flamm
  Jusqu'au Sauveur
Elève notre cœur !

O Bienfaitrice
De nos plus tendres ans !
  O protectrice
De nos derniers moment
O douce, ô tendre Mère,
Trop heureux de te plair
  Tout notre amour
Est à toi sans retour.

Ou C'est le mois de Marie, *page* 187.

27ᵉ Jour.
250. — Louange à Marie.
AIR N°ˢ 250, 207.

Je veux célébrer, par mes louanges,
Les grandeurs de la Reine des Cieux ;
M'unissant aux doux concerts des Anges,
Je m'engage à la chanter comme eux. Je m'engage,

Sur vos pas, ô divine Marie !
Plus heureux qu'à la suite des rois,
Dès ce jour, et pour toute ma vie,
Je m'engage à vivre sous vos lois. *Je m'engage, etc.*

Si du monde, écoutant le langage,
Du plaisir j'ai suivi les attraits,
A me donner à vous sans partage
Je m'engage aujourd'hui pour jamais. *Je m'engage, etc.*

Par un culte fidèle et sincère,
Par un vif et généreux amour,
A servir, à chérir une mère
Je m'engage aujourd'hui sans retour. *Je m'engage, etc.*

Mère sensible et compatissante,
Soutenez, au milieu des combats,
Les efforts d'une âme chancelante
Qui s'engage à marcher sur vos pas. *Qui s'engage, etc.*

Unissez vos voix, peuple fidèle,
Aux accords des Esprits bienheureux,
Pour chanter les louanges de celle
Qui s'engage à combler tous nos vœux. *Qui s'engage, etc.*

Ou D'une mère chérie, *page* 144.

28ᵉ Jour.

251. — Gloire de Marie.

AIR Nᵒˢ 251, 38, 44.

Unis aux concerts des Anges,
Aimable reine des cieux,
Nous célébrons tes louanges,
Par nos chants mélodieux.

REFRAIN.

De Marie
Qu'on publie
Et la gloire et les grandeurs ;
Qu'on l'honore,
Qu'on l'implore,
Qu'elle règne sur nos cœurs.

Auprès d'elle la nature
Est sans grâce et sans beauté,
Les cieux perdent leur parure,
L'astre du jour sa clarté.
De Marie, etc.

C'est la Vierge incomparable,
Gloire et salut d'Israël ;
Qui pour un monde coupable
Fléchit le courroux du ciel.
De Marie, etc.

Pour tout dire, c'est Marie !
Dans ce nom que de douceur !
Nom d'une mère chérie,
Nom, doux espoir du pécheur !
De Marie, etc.

Ah ! vous seuls pouvez le dire,
Mortels qui l'avez goûté,
Combien doux est son empire,
Combien tendre est sa bonté.
De Marie, etc.

(Trad. de l'Hymne de S. Casimir.)

Ou Elle a fui vers les cieux, *page* 135.

29e Jour.

252. — Confiance en Marie.

AIR Nos 230, 82, 111, 113, 122, 165, 211.

Je mets ma confiance,
Vierge, en votre secours :
Servez-moi de défense,
Prenez soin de mes jours :
Et quand ma dernière heure
Viendra fixer mon sort,
Obtenez que je meure } bis.
De la plus sainte mort.

A dessein de vous plaire,
O Reine de mon cœur,
Je promets ne rien faire
Qui blesse votre honneur.
Je veux que, par hommage,
Ceux qui me sont sujets,
En tous lieux, à tout âge, } b.
Prennent vos intérêts.

A votre bienveillance,
O Vierge, j'ai recours ;
Soyez mon assistance
En tous lieux et toujours ;
Vous êtes notre Mère,
Jésus est votre Fils ;
Portez-lui la prière } bis.
De vos enfants chéris.

Voyez couler mes larmes,
Mère du bel amour,
Finissez mes alarmes
Dans ce triste séjour ;
Venez rompre mes chaînes,
Je veux aller à vous :
Aimable Souveraine, } b.
Régnez, régnez sur nous.

Ou Reine du ciel, Vierge Marie, *page* 198.

30e Jour.

253. — Gloire à Marie.

AIR Nos 253, 213.

REFRAIN.
Bénissons en ce jour } b.
La Mère du Dieu d'amour.

Portez-la sur vos ailes,
O brûlants Séraphins !
Trônes et Chérubins !

Soyez-lui tous fidèles.
Bénissons, etc.

Sur un trône de gloire
Je la vois dans les cieux ;
Que vos chants amoureux
Exaltent sa mémoire.
Bénissons, etc.

Que la tendre Marie
Règne sur l'univers ;
Elle a brisé nos fers,
Et nous avons la vie.
Bénisssons, etc.

Que le ciel et la terre
L'honorent à la fois ;
Que les sujets, les rois
La prennent pour leur mère.
Bénissons, etc.

Que tout s'anéantisse
Aux pieds de sa grandeur ;

Donnons-lui notre cœur ;
Que l'enfer en frémisse.
Bénissons, etc.

Sous son joug tutélaire
Nous respirons en paix,
Et comblés des bienfaits
De cette aimable Mère,
Bénissons, etc.

Celui qui la méprise
A perdu tout soutien ;
La servir, d'un chrétien
Doit être la devise.
Bénissons, etc.

Jetons-nous à l'envie
Dans ses bras maternels,
Entourons les autels
De la tendre Marie.
Bénissons, etc.

L'abbé COMBALOT.

Ou Notre prière, *page* 147.

31ᵉ Jour.

254. — Alma Redemptoris.

AIR N° 254.

REFRAIN.

Sainte Vierge Marie,
Aimable Mère du Sauveur,
Je vous consacre pour la vie
L'hommage de mon cœur.

Sainte Vierge Marie,
Vous êtes la porte du ciel ;
Obtenez qu'à mon agonie
J'arrive au séjour immortel.
Sainte, etc.

Sainte Vierge Marie,
Vous êtes l'étoile des mers ;
Apaisez des vents la furie,

Calmez, calmez les flots amers.
Sainte, etc.

Sainte Vierge Marie,
Ah ! je vois l'écueil de la mort !
Sauvez ma nacelle chérie ;
Venez et montrez-moi le port !
Sainte, etc.

Sainte Vierge Marie,
La terre se tut en voyant
Le Dieu qui vous donna la vie
Dans votre sein se faire enfant.
Sainte, etc.

Sainte Vierge Marie,

O mère du divin amour,
Vous n'avez pas été flétrie
En donnant à Jésus le jour.
   Sainte, etc.

  Sainte Vierge Marie,

Voyez, voyez couler mes pleurs;
Priez pour nous dans la patrie,
Priez pour nous, pauvres pé-
   Sainte, etc.   [cheurs!

          L'abbé Lefebvre.

255. — Recours à Marie.

AIR *Reçois nos hommages,* N° 219.

REFRAIN.
Reine d'espérance
Sois mon assurance,
 Sois mes amours
 Toujours, toujours.

Trésor de justice,
Ornement du Ciel,
Tendre protectrice
Du faible mortel ;   (bis.)
O divine Mère,
A mon cœur si chère
 Toujours, toujours.
 Reine, etc.

La nature entière
Docile à ta voix,
Les cieux et la terre
Soumis à tes lois,   (bis.)
Chantent ta mémoire,
Ta brillante gloire
 Toujours, toujours.
 Reine, etc.

Dans la nef obscure

Vois le jeune enfant,
Tendre ses mains pures
En te suppliant;   (bis.)
Garde dans son âme
Ta divine flamme
 Toujours, toujours.
 Reine, etc.

Sur l'onde en furie
Vois le matelot,
Sauve lui la vie
En calmant les flots; (bis.)
Dissipe l'orage,
Détourne sa rage
 Toujours, toujours.
 Reine, etc.

Mène à la patrie
Ton fidèle enfant,
Fais grâce à l'impie,
Fais grâce au méchant; (bis.)
Que de ta tendresse
La grandeur le presse
 Toujours, toujours.
 Reine, etc.

256. — Souvenirs du Mois de Mai.

AIR *Pourquoi cette vive allégresse,* N°s 134, 233.

Sous ton égide tutélaire
Nous nous rassemblons en ce jour.
Marie, ô notre bonne mère,
Nous voulons t'aimer sans retour:

Reçois les vœux, tendre Marie,
Que nous t'adressons aujourd'hui;
Tu seras toute notre vie,
Notre refuge et notre appui.

CHŒUR.

Elle fuit la saison chérie,
Et nos heureux jours vont finir;
Mais de ce beau mois de Marie
Nous garderons le souvenir.

Toute la nature embellie,
Les fleurs, les charmes du printemps,
Nous rappellent, tendre Marie,
Tes attraits les plus ravissants:
Les roses et les immortelles,
Il est vrai, perdent tous leurs traits,
Mais notre amour, plus constant qu'elles,
Pour vous ne flétrira jamais. *Elle fuit,* etc.

Puissante, auguste protectrice,
Que nous bénisons en ces lieux,
Daigne toujours être propice
A tes enfants du haut des cieux.
Sur la mer féconde en naufrages
Où nous exposons notre sort,
Veille sur nous dans les orages,
Et fais nous arriver au port. *Elle fuit,* etc.

257. — Prière au S. Cœur de Marie. (1)

AIR Nos 13, 82, 111, 122, 165, 230.

Divin Cœur de Marie,
Cœur tout brûlant d'amour,
Cœur que la terre envie
Au céleste séjour,
Communique à nos âmes
Un rayon de ce feu,
De ces divines flammes
Dont tu brûlas pour Dieu.
Sanctuaire ineffable
Où reposa Jésus;
O source intarissable
De toutes les vertus!

---

(1) Ce cantique et le suivant n'ont pas été placés dans la deuxième partie, attendu que la fête du Sacré Cœur de Marie n'est pas fixée au même jour dans tous les diocèses. On trouvera, pages 120, 191, 195, 204, 205, etc., d'autres cantiques qui ont rapport au même sujet.

Montre-toi notre mère ; De tes enfants chéris
Reçois l'humble prière, Pour l'offrir à ton Fils.
Conduis-nous sous ton aile Jusqu'au Cœur de Jésus :
Une mère peut-elle Essuyer un refus ?
Cœur sacré de Marie, Cœur si rempli d'attraits,
Sur mon âme attendrie Répands tes doux bienfaits.
Fais descendre sur elle Un rayon lumineux
De ta flamme immortelle Qui nous conduit aux cieux.
Percé sur le Calvaire D'un glaive de douleurs,
Tu ne vois sur la terre Que mépris, que froideurs.

258. — Toujours nous bénirons Marie.

AIR : *Vierge sainte, rose vermeille,* N° 215.

A ton service, auguste Reine,
Pour toujours nous nous consacrons
Jamais, aimable Souveraine,
Jamais nous ne te trahirons.
C'en est fait, d'un amour sincère
Nous voulons t'aimer désormais.
Nous, blesser ton cœur, tendre mère !
   Jamais, jamais, jamais !

Si le monde veut nous séduire,
C'est toi qui nous protégeras ;
Si contre nous l'enfer conspire,
Nous nous jetterons dans tes bras.
Là nous ne craindrons plus la guerre,
Là nous passerons d'heureux jours ;
Tu te montreras notre mère,
   Toujours, toujours, toujours !

Quand viendra, terrible pensée !
Ce dernier jour tant redouté
Où notre âme sera placée
Sur le seuil de l'éternité,
Dans tes bras, ô mère chérie,
Nous finirons en paix nos jours ;
Au ciel nous bénirons Marie,
   Toujours, toujours, toujours !

FIN.

TABLE
SUIVANT L'ORDRE DU TEMPS.

Cantiques prélim. *Pages*	1	7e Dimanche. *Pages*	98
Cantiques hebdomadaires.	5	8e Dimanche.	99
1er Dimanche de l'Avent.	13	9e Dimanche.	100
2e Dimanche.	15	10e Dimanche.	101
3e Dimanche.	17	11e Dimanche.	102
4e Dimanche.	8	12e Dimanche.	103
Veille de Noël.	19	13e Dimanche.	103
Fête de Noël.	20	14e Dimanche.	104
Dimanche dans l'octave.	29	15e Dimanche.	105
Circoncision.	31	16e Dimanche.	106
Dimanche après la Circonc.	33	17e Dimanche.	106
Epiphanie.	35	18e Dimanche.	107
Dimanche dans l'octave.	37	19e Dimanche.	108
Octave de l'Epiphanie.	38	20e Dimanche.	110
2e Dimanche après l'Ep.	39	21e Dimanche.	111
3e Dimanche.	40	22e Dimanche.	112
4e Dimanche.	41	23e Dimanche.	113
5e Dimanche.	43	24e Dimanche.	114
6e Dimanche.	45	Dédicace de l'Eglise.	115
Septuagésime.	46	S. François-Xavier.	117
Sexagésime.	47	S. Nicolas.	118
Quinquagésime.	49	Immaculée Conception.	119
Prières des 40 heures.	50	Octave.	120
1er Dimanche de Carême.	53	Présentation de N. S.	121
2e Dimanche.	55	S. Joseph.	122
3e Dimanche.	57	Annonciation.	124
4e Dimanche.	58	Invention de la Ste Croix.	126
Dimanche de la Passion.	61	S. Louis-de-Gonzague.	126
Compassion.	63	Visitation.	127
Dimanche des Rameaux.	65	Sacré Cœur.	128
Jeudi saint.	66	S. Vincent-de-Paul.	133
Vendredi saint.	67	Suscept. de la Ste Croix.	133
Pâques.	68	Assomption et Octave.	134
Quasimodo.	71	Nativité de la T. S. Vierge.	138
2e Dim. après Pâques.	72	Dim. dans l'Octave.	139
3e Dimanche.	73	Exaltation de la Ste Croix.	139
4e Dimanche.	74	Octave de la Nativité.	141
5e Dimanche.	75	Saint Michel.	142
Rogations.	76	Saints Anges gardiens.	142
Ascension.	77	Notre-Dame du Rosaire.	144
Pentecôte.	80	La Toussaint et Octave.	144
Très Sainte Trinité.	84	Les Morts.	146
Fête-Dieu et Octave.	86	S. Stanislas Kotska.	147
3e Dim. après la Pentecôte.	94	Présent. de la T. S. Vierge.	148
4e Dimanche.	95	Pour une fête patronale.	148
5e Dimanche.	96	Fête de quelque Saint.	149
6e Dimanche.	97	Mois de Marie.	157

TABLE
PAR ORDRE DES MATIÈRES.

DIEU, SES OUVRAGES.

Invitation à louer le Seigneur.	*Pages* 1, 102
Nécessité de se donner à Dieu.	2, 113
Sentiments de piété à la vue des créatures.	2, 4, 96
Confiance en la Providence.	104
Bonté de Dieu.	107
Sur la loi du Seigneur.	112
Très Sainte Trinité.	84, 85

VIE DE JÉSUS-CHRIST.

Saints désirs du Messie.	14, 15, 16, 17, 18, 19
Naissance de J.-C.	20, 21, 22, 23, 24, 25, 26, 27, 28, 29, 30, 33
La Sainte Enfance de Jésus.	31, 39
Adoration des Mages.	35
Présentation de Notre Seigneur au Temple.	121
Passion de Notre Seigneur.	61, 67
Triomphe de Jesus Christ ressuscité.	68, 69, 70, 71, 73,
Triomphe de Jésus-Christ dans son ascension.	77, 78
Hommage à la Croix.	65, 126, 133
Triomphe de la Croix.	139, 140

ÉGLISE.

Descente du Saint-Esprit sur les Apôtres.	80
Triomphe de l'Église.	83
Zèle de la maison de Dieu.	100
Sainteté de nos Églises.	115, 116, 176

FINS DERNIÈRES.

Importance du Salut.	46, 99
Vanité du monde.	108
Fin de la journée; symbole de la vie.	12
La mort	57, 105, 151
Jugement dernier	13, 114
Biens du ciel et adieux aux plaisirs du monde.	47
Désirs du Ciel.	48, 79, 103, 154
Le prix des bonnes œuvres.	106
Dialogue entre l'Eglise militante et l'Eglise triomphante.	145
Vie des Anges dans le Ciel.	142
Vie des Saints dans le Ciel	144, 149
Dialogue entre les vivants et les réprouvés.	152
Aveux d'un réprouvé.	44
Etat des âmes du purgatoire.	146
Prière à Marie pour les âmes du purgatoire.	147

SACRÉ CŒUR ET SAINT NOM DE JÉSUS.

Hommage au sacré Cœur de Jésus.	128, 129
Cœur de Jésus, asile de l'âme.	130
Reconnaissance envers le Cœur de Jésus-Christ.	97, 131, 132
Elans d'amour.	37, 42, 71, 126
Hommage au saint Nom de Jésus.	31, 35

Ingratitude des hommes envers Jésus-Christ. 50
Délaissements de Jésus. 52
Le bon Pasteur. 72, 73

RETRAITE, PÉNITENCE.

Ouverture d'une Retraite. 155, 156
Avantages de l'instruction chrétienne. 4, 112
Bonheur de la retraite. 157, 75, 110
Importance du Salut. 46, 99, 108
Adieux aux faux plaisirs du monde. 47, 95
Respect humain. 60
Souvenirs d'innocence. 157
Invitation à revenir à Dieu. 41, 53, 91, 113
Regrets amers du pécheur. 54, 55
L'Enfant prodigue. 159
Retour de l'âme pénitente. 40, 53, 56, 98, 101, 159
Aveux du pécheur converti. 43
Sentiments de contrition en présence de Jésus. 158
Protestation de fidélité 110, 111

EUCHARISTIE, COMMUNION.

Merveilles de l'Eucharistie. 89, 66
Hommage à l'Eucharistie. 87
Bienfaits de l'Eucharistie. 86, 91, 93, 100, 178
Élévation. 161, 162
Bénédiction. 163, 91, 92
Procession du très saint sacrement. 88, 93
Visite au très saint Sacrement. 166
Pour la 1re Communion. 163
Aspiration envers Jésus-Christ. 169, 167
Actes avant la Communion. 165
Sentiments de joie, de respect, etc., avant la Com. 165, 168
Au moment de la Communion 170, 171, 172
Transports d'amour après la Communion. 173, 178
Actions de grâces après la Communion. 91, 174, 175, 176
Protestation d'amour et de fidélité. 110, 111, 181
Engagement d'être à Dieu pour toujours. 179
Pour la rénovation des vœux du baptême. 182, 183
Pour terminer un jour de fête. 186
Sur la Persévérance 180
Actions de grâces. 103, 180, 71

CONFIRMATION.

Invocation au Saint-Esprit. 5 et suiv., 81, 184
Après la confirmation. 185
Sept dons du Saint-Esprit. 82

DIVERS SENTIMENTS DE PIÉTÉ.

Nécessité et conditions de la prière. 76
Nécessité de se donner à Dieu. 2, 113
Bonheur d'une jeunesse pleine de piété. 45
Bonheur d'aimer Dieu. 106
Joie et ferveur du Chrétien. 40, 76
Bonheur d'être tout à Dieu. 95

Egarements des mondains.	52
Aveuglement des impies.	114

LA TRÈS SAINTE VIERGE.

Immaculée Conception.	119, 201, 213
Nativité de la très sainte Vierge.	133
Présentation de la très sainte Vierge.	148
Annonciation, Incarnation.	15, 124
Visitation.	127
Purification, Présentation.	121, 213
Compassion.	63
Assomption.	134, 135, 211
Triomphe de Marie.	136, 137
Grandeur de Marie.	139, 217
Sacré cœur de Marie.	221, 222, 120, 191, 195, 204
Saint Nom de Marie.	141, 214
Notre-Dame du Rosaire.	144
Notre-Dame d'Espérance.	203
L'Ave Maria.	12, 125
Le Sub tuum.	9
Le Memorare.	120
O Domina mea.	202
Stella matutina.	191
Ave, Maris Stella.	210
Alma redemptoris.	219
Refuge des pécheurs.	198
Le Mois de Mai.	187, 188, 189, 190, 192
Souvenirs du Mois de Mai.	220
Soupirs.	213
C'est elle qui nous console.	204
Bonheur d'aimer Marie.	195
Bonheur de servir Marie.	207
Confiance en Marie	194, 205, 218
Serment à Marie.	199, 209
Consécration à Marie.	191, 197, 205, 208, 209
Amour de Marie.	194, 200
Recours à Marie.	196, 220
Louange à Marie.	216, 215, 218
Offrande à Marie.	200, 216
Marie est notre Mère.	190, 196, 212
Notre cœur repose en Marie.	207
Litanies.	193
Prière à Marie pour les âmes du Purgatoire.	147

SAINTS DIVERS.

S. François-Xavier.	117
S. Nicolas.	118
S. Joseph.	122, 123, 124
S. Louis-de-Gonzague.	126, 118
S. Vincent-de-Paul.	133
S. Stanislas.	147
Pour une fête patronale.	148
Pour la fête de quelque saint.	149

TABLE ALPHABÉTIQUE.

Nos des airs.	A.	Nos des pages.	Nos des airs.		Nos des pages.
183	Adorons tous.	163	74	Chantons la Reine.	134
230	Adressons notre hom.	200	94	Chantons le mystère.	87
138	Aimons Jésus.	126	47	Chantons l'enfance.	39
114	A la mort.	10	168	Chantons les combats.	149
136	A la Reine des Cieux.	124	132	Chaste époux.	122
32	Allez, pasteurs.	24	103	Chère Sion.	88
108	Allons parer le sanct.	100	216	Chrétiens, de la Mère.	190
167	Amour et reconnaiss.	107	142	Cœur de Jésus.	129
34	Amour, bonheur.	26	176	Combien j'ai douce.	157
82	Amour, reconnaiss.	133	192	Comblez mes vœux.	179
247	Ange de Dieu.	143	179	Comment goûter.	159
1	A qui doit-on.	1	97	Courbons nos fronts.	91
2	A servir le Seigneur.	2		D.	
209	Assis à l'ombre.	117	229	Daigne agréer.	200
140	Astres, brillez.	127	99	Dans ce profond myst.	92
178	A tes pieds, Dieu.	159	42	Dans ce séjour.	138
224	A tes pieds, ô tendre M.	196	186	Dans cette étable.	25
235	A ton autel.	205	86	Dans les transports.	70
215	A ton service.	222	247	Dans nos concerts.	214
98	Au Dieu d'amour.	91	65	De ce profond. de cet.	56
118	Au Dieu de l'univers.	96	18	Descends du Ciel.	11
163	Au fond des brûlants.	146	129	De tes enfants reçois.	119
219	Auguste Marie.	192	221	D'être enfant de Marie.	194
89	Au sang qu'un Dieu.	61	214	Devant ton image.	189
77	Aux chants de la rec.	71	226	Dieu d'amour, un...	98
101	Aux chants de la vict.	93	10	Dieu puissant.	7
227	A vos genoux.	53	21	Dieu va déployer...	13
	B		13	Divin cœur de Marie.	221
171	Beau ciel.	154	16	Du céleste séjour.	10
112	Bénis, mon âme.	103	218	Du haut du céleste...	191
203	Bénissons à jamais.	180	160	D'une mère chérie.	144
253	Bénissons en ce jour.	218	61	D'un monde perfide.	52
36	Bergers, par les plus.	28	162	Du séjour de la gloire.	145
68	Bravons les enfers.	60		E.	
	C.		121	Ecoute, âme fidèle.	112
189	Ce bas séjour.	48	149	Elle a fui vers les cieux.	135
194	Cédons, mon âme.	17	245	En ce jour, ô bonne M.	213
200	Célébr. ce grand jour.	177	127	En ce jour solennel.	118
37	Célébrons en ce saint..	77	103	Enfants de Dieu.	41
154	Célébrons la victoire.	139	229	Enfants, venez à Marie.	208
72	C'est ici la maison.	115	230	Enfin de son tonnerre.	213
211	C'est le mois de Marie.	187	102	En secret le Seigneur.	94
156	C'est le nom de Marie.	141	137	Esprit de lumière.	7
199	Chantons, chant. Ah!	176	8	Esprit divin, consolat.	6
154	Chantons, chant. vict.	69	88	Esprit-Saint, comblez.	81
198	Chantons en ce jour.	175	11	Esprit-Saint, dans..	8

— 228 —

6	Esprit-Saint, descendez.	5	
15	Esprit-Saint, Dieu d'a...	10	
89	Esprit-Saint, D en de...	82	
73	Est-ce vous que je...	67	

F.

55	Faux plaisirs.	47

G.

82	Goûtez, âmes ferventes.	75
58	Grâce, grâce, Seigneur.	49
64	Grand Dieu ! mon...	55
141	Grand saint, dont...	122
141	Grand saint, du...	118

H

63	Hélas! quelle douleur.	54
139	Heureux enfants....	126
238	Heureux q n dès le...	207
53	Heureux qui dès son...	45
116	Heureux qui goûte.	106
4	Heureux séjour.	4

I.

35	Il est né le divin enf.	27
37	Il est né le Rédempt.	29
180	Il est sur cet autel.	161
247	Il faut prier.	76
103	Il n'est pour moi.	95
157	Immortelle Sion.	142

J.

103	J'aime Marie.	195
176	Je me rappelle.	174
230	Je mets ma confiance.	218
207	J'engageai ma prom.	183
28	J'entends là-bas.	20
50	Jésus charme ma sol.	42
59	Jésus est la bonté.	50
45	Jésus, ô mon Sauveur.	37
74	Jésus paraît en vainq.	68
42	Jésus, que ce nom.	34
190	Jésus quitte son trône.	168
70	Jeune peuple, enfants.	63
210	Je veux célébrer.	216
248	Je vous salue, auguste.	215
19	Je vous salue, ô sainte.	12
210	Jour heureux, jour..	186
204	Jour heureux, sainte..	180
228	Jurons à la Mère...	199

L.

115	Le ciel en est le prix.	106
64	Le Dieu de majesté.	23
23	Le Dieu que nos soup.	15
201	L'encens divin.	178
41	Le fils du Roi.	33
119	Le monde en vain.	110
205	Le monde par mille.	181
155	Le Seigneur a régné.	140
20	Le Soleil vie t definir.	12
149	Les temps sont acc.	35
122	Le temps de la jeuness.	113
120	Le temps s'échappe.	47

M.

170	Malheureuses créatur.	152
237	Mère de Dieu.	207
191	Mon bien-aimé.	169
202	Mon cœur en ce jour.	179
177	Mon doux Jésus.	158
7	Mon fils, pour apprend.	6

N.

4	Ne perdons jamais.	57
164	Notre prière.	147
107	Nous n'avons à faire.	99
169	Nous passons comme.	151

O.

46	O bon Pasteur.	73
145	O cœur divin.	132
147	O croix, cher gage.	133
24	O Dieu de clémence.	16
78	O Dieu de l'enfance.	72
39	O divine enfance.	31
166	O divine Marie.	148
13	O douce Providence.	104
26	Oh! quand viendra.	18
215	O Jésus, Sauveur.	166
232	O ma Reine.	202
212	O Marie, ô ma Mère.	188
225	O Marie, ô Reine.	196
11	O Monarque suprême.	17
188	O mon bon Jésus.	167
72	O prodige d'amour.	66
202	O puissante Mère.	209
100	O roi des cieux.	93
17	O Saint-Esprit.	11
194	O saint autel.	164
158	O toi de tous les ang.	142
134	O toi digne époux.	123
182	O toi qu'un voile.	85
105	Oui, je l'entends.	87

243	Où va ma mère.	211	
3	Ouvrages du Seigneur.	2
91	O vaste abîme.	84
40	O vous dont...	31

P.

123	Paraissez, Roi.	114
06	Par les chants.	89
110	Pécheurs, ne troublez.	102
141	Perçant les voiles.	128
80	Peuple fidèle.	73
60	Peuple infidèle.	52
48	Pleins de ferveur.	40
90	Pourquoi ces vains..	83
233	Protégez-nous	203
13	Puissante protectrice.	9
71	Puissant Roi.	65

Q.

172	Quand de la terre.	154
206	Quand l'eau sainte.	182
111	Quand vous contemp.	13
183	Que cette voûte.	162
81	Que Jésus est un bon.	71
214	Quel amour, quel am.	121
185	Quel beau jour.	165
38	Quel bonheur inestim.	30
125	Quel bruit retentit.	21
181	Quel doux penser.	163
110	Quel feu s'allume.	185
231	Quelle est cette aurore.	201
209	Quelle nouvelle.	18
193	Quel noble feu.	171
161	Quels accords.	14
141	Quel signe heureux.	131
229	Quel spectacle s'offre.	78
230	Que mon sort.	17
194	Qu'ils sont aimés.	176
175	Qu'ils sont doux.	157

R.

226	Rassemblons-nous.	197
153	Reine des cieux.	139
255	Reine d'espérance.	200
227	Reine du ciel	198
213	Réunissons nos voix	188
67	Reviens, pécheur.	58

S.

80	Sainte cité.	79

154	Sainte Vierge Marie.	219
215	Sainte Vierge, pleine.	190
5	Salut, aimable.	4
216	Salut, étoile.	210
137	Salut, ô Marie.	125
120	Seigneur, dès ma pr..	111
100	Seigneur Dieu de cl..	101
30	Silence, Ciel.	22
44	Sion, de ta mélodie.	212
134	Sous ton égide.	220
13	Souvenez-vous.	120
44	Suivons les rois.	35
181	Sur cet autel.	162
21	Sur les apôtres	40
195	Suspendez, célestes.	173

T.

39	T'aimer, ô Marie.	191
125	Temple témoin.	116
234	Tendre Marie, Mère..	204
60	Tendre Marie, souv.	216
230	Ton époue chérie.	124
118	Tout n'est que vanité.	108
54	Travaillez à votre sal.	46
21	Tremblez, habitants.	44
150	Triomphez, Reine.	136
151	Triomphons, notre M.	137
222	Trop heureux enf.	194
186	Troupe innocente.	165
189	Tu vas remplir.	168

U.

38	Un Dieu vient.	156
51	Un fantôme brillant.	43
251	Unis aux concerts	217

V.

22	Venez divin Messie.	14
12	Venez, Esprit saint	8
165	Venez, troupe angéliq	147
34	Venez, Verbe adorable.	19
220	Vierge Marie.	193
46	Vive Jésus.	38
91	Voici l'auel, voici...	86
43	Vole au plus tôt.	130
14	Votre parole	9
240	Vous en êtes témoins	209
236	Vous qu'en ces lieux.	205
173	Vous que rassemble.	155
167	Vous qui régnez.	148

TABLE DE CORRESPONDANCE DES PAROLES AVEC LES AIRS (1).

Numéros des Cantiques dans leur ordre naturel.								Numéros des Cantiques par ordre de coupe.							
1	CD	65	C	126	M	201	D	A		C		H		34	b	n
4	AI	66	A	128	V	202	G								21	97
5	I	67	C	129	A	203	J	4		1		49*		Q	51*	225
6	Z	69	E	131	A	206	v	23		17		95*		33*		
8	D	70	A	132	A	207	x	56*		20		103		47		
9	a	72	k	133	V	208	O'	66*		57*		223*		186	c	o
11	B	73	h	134	X	209	M	70		65		248*			25	99
13	B	74	l	135	B	211	B	77		67		I		R	41	110
15	J	75	m	137	a	213	J	85*		91		4		37		
16	N	76	D	138	G	214	A	96		119		5		84*	d	p
17	C	77	A	140	F	215	Y	105		142		92*		150	43	104*
18	O	78	S	141	V	216	y	116		184		182			149	118
20	C	79	f	142	CD	217	S	120		189				S		
21	b	82	B	144	r	218	F	129		194		J		39	e	q
22	P	83	T	146	B	219	z	131*		235		15		78	45	112
23	A	84	R	148	l	222	A	132		248		203		217	63	236
25	c	85	A	149	d	223	H	161				213		T		
26	G	86	D	150	R	225	n	168		D		253		83*	f	r
27	P	87	F	152	K	226	M	214		1*				159*	46	144
29	F	89	L	15	Bm	227	j	222		8		K		247	79*	191
31	N	90	U	155	U	228	Z	229		76*		42				
33	Q	91	C	156	B	229	A	231		86		108		U	g	s
34	P	92	I	158	B	230	B	238		142*		152*		90	51	163
37	R	95	H	159	T	231	A			201		1·2*		155	240	178
38	E	96	A	160	B	233	X			237				200		
39	S	97	n	161	A	235	A	B		E		L			h	t
41	e	99	o	162	B	236	q	11		38		53		V	58	176
42	K	103	H	163	s	237	D	13		44		89		128*	73	197*
43	d	104	P	165	B	238	A	82		59		117*		133*		
44	E	105	A	167	L	239	v	109		69		167		141	i	u
45	e	106	M	168	A	240	g	111		174*		M			60	2
46	f	108	K	173	F	241	G	113		244		106*		X	249*	115
47	Q	109	B	174	E	242	y	122		251		126*		134		
49	H	110	O	176	t	244	E	135*				209		233		v
51	g	111	B	178	s	246	E	146*		F		226		256*	j	206
52	b	112	q	182	IK	247	T	154		29*					62*	239
53	L	113	B	184	C	248	CH	156*		87*		N		Y	227	
54	G	115	u	186	Q	249	i	158		125		16		187	k	x
56	A	116	A	187	Y	250		160		140		31		215	72	207
57	C	117	L	189	C	251	x	162		173		64		258	124*	250
58	h	118	p	190	o	252	E	165		218					l	y
59	E	119	C	191	r	253	B	196*				O		Z	74	216
60	i	120	A	194	C	253	G	211		18		110		6	148*	242*
62	j	122	B	196	B	255	z	230		26		208*		228		
63	e	124	k	197	t	256	X	246*		54					m	z
64	N	125	F	200	U	257	B	252*		138		P		a	75*	219
						258	Y	257*		202		22		9*	154	255
										241*		27*		137		

(1) Dans la première partie de cette table, les cantiques sont placés par ordre de numéros, accompagnés chacun de la lettre de l'alphabet sous laquelle sont désignés, dans la seconde partie, les numéros des cantiques qui ont la même coupe de vers. Les numéros de la seconde partie, qui sont suivis d'un astérisque, désignent des cantiques qui n'ont point d'airs particuliers; les numéros omis, dans la première partie, appartiennent au contraire à des cantiques qui ont des airs sur lesquels aucun autre ne peut être chanté.

CHANTS

POUR

QUELQUES CIRCONSTANCES PARTICULIÈRES. (1)

Pour une Distribution de Prix.

AIR Nos 168, 238, 23, 77, 96, 116, 129, 231.

Vers les collines éternelles
Portons nos regards, nos soupirs ;
Que les récompenses mortelles
Réveillent d'immortels désirs.
Que ce jour à notre mémoire
Rappelle ce jour des élus
Où Dieu couronne dans la gloire
Ses propres dons et leurs vertus. *(bis.)*
Quel spectacle rempli de charmes !
Qu'il est consolant pour nos cœurs !
Dieu lui-même essuyant les larmes
De ses fidèles serviteurs !
Chère Sion ! ô cité sainte !
Que tes palais sont ravissants !
Ah ! puisses-tu dans ton enceinte
Unir un jour tous tes enfants ! *(bis.)*
Doux espoir ! ô brillante aurore,
Quand, fuyant la nuit du tombeau,
Nous verrons le bonheur éclore
Aux feux de ton divin flambeau !
Alors, mon Dieu, libres de chaines,
Assis sur ces bords enchantés,
Nous boirons l'oubli de nos peines
Au torrent de tes voluptés. *(bis.)*
Oui, mon Dieu, voilà ta promesse
Et le sort heureux qui m'attend ;
Mais je succombe à ma faiblesse
Sans l'appui de ton bras puissant.

---

(1) Ces chants conviennent principalement pour une distribution de prix de catéchisme ; d'autres inédits seront imprimés à part avec la musique pour toute autre distribution.

Les vertus qui forment ton trône,
Je puis les chanter en ce jour ;
Mais ton amour seul nous les donne,
Et j'ose implorer ton amour.   (bis.)

MÊME SUJET.

AIR : *Le monde en vain* ; N°s 119, 1, 65, 184, 194, 233, 248.

Tendres enfants, aux délices perfides,
Aux faux plaisirs n'ouvrez point votre cœur :
C'est en Dieu seul que sont les biens solides ;
Sans son amour il n'est point de bonheur.

Par quels attraits le crime et par quels charmes
Peut-il, hélas ! pervertir tant de cœurs ?
Les noirs remords, les mortelles alarmes
Suivent toujours es traces des pécheurs.

Le sort du juste est bien plus désirable,
De son bonheur rien n'arrête le cours,
Sa joie est pure et sa paix véritable ;
Les jours pour lui ne sont que d'heureux jours.

Chéri de Dieu, toujours à Dieu fidèle,
Des saints trésors qu'il gagne chaque jour
Il enrichit la couronne immortelle
Que le Seigneur réserve à son amour.

Enfants dont l'âme est innocente et pure,
Oh ! si jamais même un seul de vos jours
Doit du péché connaître a souillure,
Qu'une mort prompte en abrège le cours.

MÊME SUJET.

AIR : *D'une Mère chérie* ; N°s 211, 82, 111, 122, 165, 230.

LE SEIGNEUR.	LES ÉLÈVES.
Triomphante jeunesse,	Grand Dieu, c'est toi qui don-[nes
En ce jour solennel	La victoire aux vainqueurs :
Portez votre allégresse	Reçois donc les couronnes
Auprès de mon autel.	Et les prix et les cœurs.

LE SEIGNEUR.

C'est moi dont la lumière
Eclaira vos esprits,
Et qui, dans la carrière,
Vous guidai vers le prix.

LES ÉLÈVES.

Grand Dieu, etc.

LE SEIGNEUR.

Sans moi la renommée (bruit,
N'est qu'un son, qu'un vain
Une vaine fumée
Qui s'échappe et s'enfuit.

LES ÉLÈVES.

Grand Dieu, etc.

LE SEIGNEUR.

Et que sert le génie
Au superbe vainqueur ?
La science est folie
Dès qu'elle enfle son cœur.

LES ÉLÈVES.

Grand Dieu, etc.

LE SEIGNEUR.

Pour vous, troupe fidèle
D'enfants que je chéris,
D'une offrande si belle
Vous recevrez le prix.

LES ÉLÈVES.

Grand Dieu, etc.

LE SEIGNEUR.

Craignez de la louange
Les charmes séduisants,
Et sachez sans mélange
M'en renvoyer l'encens.

LES ÉLÈVES.

Grand Dieu, etc.

LE SEIGNEUR.

Si vous êtes fidèles,
Je serai généreux :
Et des faveurs nouvelles
Couronneront vos vœux.

LES ÉLÈVES.

Grand Dieu, etc.

LE SEIGNEUR.

Pour des palmes mortelles
Offertes dans ces lieux,
Des palmes éternelles
Vous attendent aux cieux.

LES ÉLÈVES.

Grand Dieu, etc.

L'abbé LORIQUET.

Après une Distribution.

AIR N° 19?.

CHŒUR.

Chantons, chantons,
Ah quel beau jour ! (ter.)
Chantons, chantons,
Ah ! quel beau jour ! (ter.)
Oh ! qu'il est cher à notre enfance
Ce moment plein de jouissance ;

Bénissons tous le Dieu d'amour.
Et répétons : Ah ! quel beau jour (bis.)

Un jour charmant à nos yeux vient de luire ;
Offrons nos prix à l'auteur de tous dons.
Par ces prix même il daigne nous instruire;
Ouvrons nos cœurs à ces douces leçons.
  Chantons, etc.

Il dit au faible : « Espère en ma puissance ;
« Juste affligé, sèche, sèche tes pleurs :
« Le temps s'enfuit, l'éternité s'avance :
« Là pour jamais finiront les douleurs.
  Chantons, etc.

« Le cœur heureux d'un flatteur témoignage,
« Vous contemplez le prix de vos vertus ;
« Tels au grand jour des palmes du courage
« Seront chargés les bras de mes élus.
  Chantons, etc.

« Le bon Pasteur, les yeux baignés de larmes,
« Vient de marquer ses plus chères brebis ;
« Ainsi mes saints, à l'abri des alarmes,
« Près de mon trône un jour seront assis. »
  Chantons, etc.

O bon Pasteur ! sur un troupeau qui t'aime
Étends les mains ; ce sont là nos désirs :
Dieu des vertus, bénissez-le lui même...
Ainsi des saints finissent les plaisirs.
  Chantons, etc.

MÊME SUJET.

Jour heureux, jour de vrai plaisir, *page* 186.
Le monde, par mille artifices, *page* 181.
Bénissons à jamais, *page* 180.

Réception d'un Ecclésiastique.

AIR : *Célébrons la victoire,* N° 154 ; sans refrain, N°ˢ 211, 82, 111, 122, 230.

Quand Jésus sur la terre
Passait avec bonté,
Il rendait la lumière
A l'aveugle enchanté ; *(bis.)*
Il bénissait l'enfance,
Pardonnait au pécheur,
Et comblait l'innocence
De grâce et de bonheur.

CHOEUR.

De votre loi, Seigneur, que l'amour nous enflamme ;
Un de vos envoyés va nous parler de vous ;
Rendez-lui tous les biens qu'il annonce à notre âme,
Et longtemps avec lui demeurez parmi nous. *(bis.)*

Sur la terre embrasée
Descendaient ses discours,
Comme on voit la rosée
Au matin des beaux jours. *(bis.)*
Les âmes languissantes
Renaissaient en vigueur,
Et les vertus croissantes
Bénissaient le Seigneur. De votre loi, etc.

Vous envoyez vos anges
Autour de nos autels ;
Vous dictez vos louanges
A la voix des mortels. *(bis.)*
Daignez bénir le zèle
Du ministre chrétien
Qui, suivant son modèle,
Passe en faisant du bien. De votre loi, etc.

Visite d'un Pasteur.

AIR : *Sainte cité,* N°ˢ 86, 201, 237.

Peuple chrétien, ranime ta tendresse ;
Avec transport célèbre ton bonheur :
En ce beau jour, en ce jour d'allégresse,
Nous célébrons ici notre Pasteur.

CHŒUR. { O tendre Père,
Vois tes enfants!
De leur prière
Écoute les accents.

Voilà celui qui, de notre modèle,
Du doux Sauveur vient retracer les traits,
Aux saintes lois rendre le cœur fidèle,
Du joug divin faire aimer les attraits.
  O tendre Père, etc.

Entre ses mains l'Agneau du sacrifice,
Se dévouant au Seigneur irrité,
Il désarme le bras de sa justice,
Et fait pleuvoir des trésors de bonté.
  O tendre Père, etc.

Digne Aaron, véritable Moïse,
Plein de l'Esprit et du pouvoir des cieux,
Tous attachés à la divine Église,
Qu'il nous dirige au séjour des heureux.
  O tendre Père, etc.

MÊME SUJET.

AIR : *Le ciel en est le prix.* N° 115.

Chantons ce bon Pasteur,
L'ami de la jeunesse;
Pour bénir sa tendresse,
Amis, formons un chœur;
Chantons (*ter*) ce bon Pasteur. (*bis.*)

Chantons ce bon Pasteur,
Dont la bonté touchante
Du troupeau qui le chante
Fait ici le bonheur.
Chantons (*ter*) ce bon Pasteur. (*bis.*)

Chantons ce bon Pasteur;
Rangés sous son égide,
Que toujours il nous guide,
Ce sage conducteur.
Chantons (*ter*) ce bon Pasteur. (*bis.*)

FIN.

www.ingramcontent.com/pod-product-compliance
Lightning Source LLC
Chambersburg PA
CBHW070632170426